深圳大学教材出版资助项目

# 武式太极拳概要

张得保 ◎ 编著

北京体育大学出版社

策划编辑：王英峰

责任编辑：王英峰

责任校对：林小燕

版式设计：久书鑫

**图书在版编目（CIP）数据**

武式太极拳概要 / 张得保编著. -- 北京 ： 北京体
育大学出版社，2024. 10. -- ISBN 978-7-5644-4209-5

Ⅰ. G852.11

中国国家版本馆 CIP 数据核字第 20248D9V54 号

**武式太极拳概要**　　　　　　　　　　　　　　　　　张得保　编著

WUSHI TAIJIQUAN GAIYAO

| | |
|---|---|
| 出版发行： | 北京体育大学出版社 |
| 地　　址： | 北京市海淀区农大南路 1 号院 2 号楼 2 层办公 B–212 |
| 邮　　编： | 100084 |
| 网　　址： | http://cbs.bsu.edu.cn |
| 发 行 部： | 010–62989320 |
| 邮 购 部： | 北京体育大学出版社读者服务部 010–62989432 |
| 印　　刷： | 唐山玺诚印务有限公司 |
| 开　　本： | 710mm×1000mm 　　1/16 |
| 成品尺寸： | 170mm×240mm |
| 印　　张： | 13.75 |
| 字　　数： | 204 千字 |
| 版　　次： | 2024 年 10 月第 1 版 |
| 印　　次： | 2024 年 10 月第 1 次印刷 |
| 定　　价： | 98.00 元 |

# 序

  张得保同学是湖北大学 1993 级硕士研究生，那时我是体育系主任。当时在湖北大学攻读硕士学位的研究生总共才 70 多人，体育系仅有 3 名，他是其中之一。1996 年他以优异的学业成绩毕业，被武汉体育学院录用，由于工作出色，第二年就被武汉体育学院评为"跨世纪优秀中青年骨干教师""双肩挑"干部，进行重点培养，成为武汉体育学院师资的中坚力量。后来由于工作关系，他调入了深圳大学，并于 2007 年考入北京体育大学攻读体育教育与运动训练方向博士学位，圆满完成学业并取得教育学博士学位。屈指算来，得保同学已从湖北大学毕业 20 多年，但他在湖北大学求学期间尊敬师长、团结同学、勤奋上进、刻苦学习与训练，给我留下了很深刻的印象。

  时光荏苒，光阴如箭，转眼之间，得保同学已在深圳大学工作了 20 多年，这些年他在国内外核心期刊等发表学术论文 20 多篇；主持国家社会科学基金重大项目"中国体育非物质文化遗产资源数据库建设研究"子课题（湖北省）1 项，主持省部级课题 3 项，横向参与省部级课题、市级课题多项；主编出版学术专著、主编和参编教材等专业书籍多部；先后获得"深圳大学第三届优秀本科课堂教学一等奖""深圳大学先进工作者""深圳第 26 届世界大学生运动会 FISU[①]学术大会工作标兵""深圳大学优秀共产党员""深圳大学优秀党务工作者""优秀本科教学管理奖""优秀本科课程奖""优秀本科教研成果奖""深圳大学腾讯优秀教学管理团队奖""深圳市优秀教师"等多项荣誉。以上成绩的获得是与他的专业素养及良好的个人品质分不开的。

  随着改革开放的进一步深入，中国进入前所未有的新时代。树立"文化自信"，让体育非物质文化遗产走进校园，挖掘、整理与传承优秀的中国传统

---

  ① FISU 是 Fédération Internationale du Sport Universitaire（国际大学生体育联合会）的缩写。

体育非物质文化遗产，是新的历史时期教育工作者面临的新任务、新课题。

武式太极拳是中国武术太极拳家族中一颗璀璨的明珠，是河北永年广府武禹襄所创并由其外甥李亦畲继承传世的。其拳架具有小巧紧凑、中正安舒、起承开合、进退自如等特点；强调身法、步法、手法三者的有机配合与统一；强调走内劲而不露外形，内气潜移，以内形的变化来支配外形的运动；其拳架动作特点被称为"干枝老梅"。

得保同学师承武式太极拳第三代宗师李逊之先生的外孙、第四代宗师姚继祖先生的得意门生、武式太极拳第五代传人杨书太先生，他多年来风雨无阻，勤学不辍，认真钻研拳技拳理，并把传统武式太极拳引进大学体育课堂，成功地把传统武式太极拳的学、教、研有机地结合在一起，为武式太极拳的传承与发展做出了较为突出的贡献。2017 年，他主持研究的课题"传统武式太极拳技法、功法诠释"获国家体育总局科教司立项，其成果《传统武式太极拳》获得国家体育总局资助，由北京体育大学出版社正式出版。2020 年 10 月 31 日，中国体育科学学会武术与民族传统体育分会、教育部全国体育联盟（中华武术）、全国普通高校中华优秀传统文化传承基地（武术）联合主办的"2020 年全国学校武术改革与发展研讨会"在山西师范大学举行，他的论文《社会发展背景下传统太极拳应用功能的失衡与复兴》被作为大会专题报告，并获得了与会专家与同人的高度认可。现即将面世的《武式太极拳概要》，是其在前期研究的基础上，对武式太极拳的产生、传承与发展做更为全面系统的一次梳理，内容丰富、介绍翔实，书中大部分照片、资料皆为第一次公开面世，相信读者能在阅读本书时有所获益。同时，我热切期望得保同学能够再接再厉、不断提高，继续扩大研究领域和成果，修身治学，为传统太极拳的发展做出更大的贡献！

是为序！

蔡仲林

2024 年 7 月于武昌沙湖

（蔡仲林，教授、博士生导师，中国武术九段、国际 A 级武术裁判，湖北省武术协会主席，湖北大学体育学院首任院长）

# 前言

　　武式太极拳自河北永年望族武禹襄创建以来，至今已经有一百六十多年的历史。一百多年前，武禹襄见同郡南关杨露禅习练太极拳，"见而好之，常与比较，伊不肯轻以授人，仅能得其大概"，后前往河南，拜访赵堡镇陈清平，与陈清平"研究月余，而精妙始得"，后其兄舞阳县知县武澄清从河南舞阳县盐店得到王宗岳的《太极拳论》，转交武禹襄。武禹襄无意仕途，专心致志演练太极拳，并形成自己的风格，后传授其外甥李亦畬、李启轩。李亦畬把太极拳作为终身追求，在王宗岳《太极拳论》、母舅武禹襄"敷盖对吞"等太极拳理论的基础上，经过几十年的不懈追求与努力实践，总结出了"擎引松放""五字诀"等拳术窍要，并于1881年将王、武的理论及自己所得集录于一册，后称其为"老三本"，丰富完善了武式太极拳的理论体系，并在实践中把武式太极拳的技击水平推向了更高层次。

　　武、李两家后人处事低调，与人友善。李亦畬传儿子李宝廉、李宝让（也称李逊之）及门人郝为真等极少数人。郝为真在民国初年任广平府中学堂和永年县[①]立小学堂教授（武术教员）时，为适合"一至四"的口令节奏，将武式太极拳改成了开合架，形成了"开合太极拳架子"风格。1914年前后入京城时，他将拳法传与孙禄堂。孙禄堂在八卦拳、形意拳的基础上，创"活步孙氏太极拳"。1937年"七七事变"爆发，时局动荡，李逊之停止经商，居家明志，在好友赵俊臣的一再劝说下，收赵俊臣之子赵蕴园及刘梦笔、魏佩林、姚继祖四人为入室弟子。武式太极拳至此开始逐渐向外传播。

　　翻开武式太极拳一百多年的历史画卷，其在早期发展中，尽管由于李家

---

① 现为邯郸市永年区。

后人谨遵"不以授拳为业"的家训，传播范围有一定的局限性，但武式太极拳的拳架小巧紧凑、劲法独特，加之李逊之、郝为真、孙禄堂等在原有基础上的创新与发展，武式太极拳薪火相传，如今已是枝繁叶茂，生命力越来越旺盛。武禹襄的"敷盖对吞"与李亦畬的"擎引松放"，一直是习练太极拳的后来者们倍加推崇与倾慕追求的高深技艺。

2020 年 12 月 17 日，中国单独申报的"太极拳"，经联合国教科文组织保护非物质文化遗产政府间委员会评审通过，列入联合国教科文组织人类非物质文化遗产代表作名录。武式太极拳是太极拳大家庭中一个不可分割的重要组成部分，拥有系统的理论体系和清晰的传承脉络，对太极拳的传承和发展做出了巨大贡献！

本书从太极拳的起源、武禹襄先生创建武式太极拳谈起，按时间发展与传承顺序进行梳理，力求图文并茂地向读者展现武式太极拳的发展轨迹、拳谱经典、传统 108 式拳架套路及呼吸方法等主要内容。但由于本人才疏学浅，能力所限，历史资料的收集、查询、专家访谈等工作存在一定难度，本书中不免有一定的纰漏，不妥之处敬请读者批评指正！

张得保

2024 年 8 月于深圳大学

# 目录

# 第一章
# 太极拳概述

## 本章导读

　　中国的太极学说大约产生于两三千年前的殷商时期，传说周文王被纣王囚在羑里（在今河南汤阴一带），演绎出《周易》。孔子在《易传·系辞上》中说，"易有太极，是生两仪，两仪生四象，四象生八卦"。[①]太极拳应用的基本原理基本上都包含在《易经》之内。据传，太极拳是武当山道人张三丰所创，明末清初的大学者黄宗羲在《南雷文案·王征南墓志铭》中写道："有所谓内家者。以静制动。犯者应手即仆。故别少林为外家。盖起于宋之张三峰。三峰为武当丹士。"这里的"张三峰"和"张三丰"是否是同一个人，存在分歧，有人说此人出生在宋朝，有人说是明朝，因此对太极拳的起源，专家学者们颇有争议。但真正不可否认的历史事实是：清朝末年在京城传播太极拳的河北永年人士杨露禅师从河南陈家沟陈长兴；河北永年广府东街武禹襄在"因公赴豫省"时，"过而访焉"，与河南赵堡镇陈清平"研究月余，而精妙始得"，并于咸丰二年（1852）从时任河南舞阳县知县的大哥武澄清处得王宗岳的《太极拳论》，继而创建武式太极拳。本章在对太极拳进行简述的基础上，从杨露禅、武禹襄研学与传播太极拳开始谈起。

---

① 蓝晟. 国学与太极拳：中国人必修的文武之道[M]. 修订本. 北京：当代中国出版社，2016：4.

# 一、太极拳起源

太极拳是中华民族的一张文化名片，是中华优秀传统文化的有效载体。太极拳自河南陈家沟传出至河北永年广府杨露禅、武禹襄传世以来，又形成了杨式、武式、吴式、孙式等几大流派。因为习练太极拳不受性别、年龄、体质、职业、民族等条件限制，目前太极拳习练者已遍布祖国的大江南北乃至世界各地。据权威媒体的不完全统计，全世界已有150多个国家和地区的人练习太极拳，且人数已经超过3亿。2020年12月17日，《人民日报》刊登了太极拳申报世界非物质文化遗产成功的好消息：联合国教科文组织保护非物质文化遗产政府间委员会第15届常委会于2020年12月14日至19日在线上召开。北京时间12月17日晚，我国单独申报的"太极拳"，经联合国教科文组织保护非物质文化遗产政府间委员会评审通过，列入联合国教科文组织人类非物质文化遗产代表作名录，这无疑对太极拳的进一步发展起到了不可估量的推动作用。体育产业经济发展的新形势使得太极拳得以传播与发展。太极拳促使人们强身健体、修身养性的同时，还承载着中华民族的文化基因，且正在逐渐形成"太极产业"，蔓延全球。

太极拳的起源问题一直是武术界研究、争论的热点问题。1881年10月18日，武式太极拳第二代传人，李亦畬（1832—1892）先生在《太极拳小序》中写道："太极拳不知始自何人，其精微巧妙，王宗岳论详且尽矣。后传至河南陈家沟陈姓，神而明者，代不数人。我郡南关杨某，爱而往学焉，专心致志十有余年，备极精巧。旋里后，市诸同好。母舅武禹襄见而好之，常与比较，伊不肯轻以授人，仅能得其大概。素闻豫省怀庆府赵堡镇，有陈姓名清平者，精于是技，逾年，母舅因公赴豫省，过而访焉。研究月余，而精妙始得，神乎技矣。予自咸丰癸丑，时年二十余，始从母舅学习此技。口授指示，不遗余力，奈予质最鲁，廿余年来，仅得皮毛。窃意其中更有精巧。兹仅以所得笔之于后，名曰《五字诀》，以识不忘所学云。光绪辛巳中秋念六日，亦畲氏谨识。"《太极拳小序》基本上对太极拳的出处与流传线路做了一个比较明确的简述，说明了杨露禅与武禹襄所学的太极拳均出自河南陈家沟陈姓，而"太极拳不知始自何人"说明了太极拳不一定是陈家沟陈姓所创，陈家沟陈姓太极拳始于何人目前有几种说法，仍存争议。纂修于民国的《清史稿》中有一段关于太极拳的记载：清中叶，河北有太极拳，云其法出于山西王宗岳，其法式论解，与百家之言相出入。至清末，传习者颇众云。[1]根据历史资料研究，清初期是1644年清军入关到1662年这段时间，所以中叶应为1662年至1840年鸦片战争爆发。这与李亦畲《太极拳小序》所讲的时间是吻合的。根据杨露禅与武禹襄的出生日期推断，书中所说的"河北有太极拳"应该是指杨露禅和武禹襄所习练和传播的、从河南学回来的，并形成自己风格的杨式太极拳和武式太极拳了。

但太极拳最初出自何处，又来自何人呢？知名太极拳大师、中国传统武术史学家于志钧先生通过大量史料研究，得出如下几种观点：其一，太极拳是在继承了外家少林拳的基础上创造出来的，可考证的代表性人物是张三丰（峰），他"既精于少林，复从而翻之"，创造了内家拳；其二，明代戚继光在综合当时各家拳法的基础上，择其善者，创编了《拳经三十二势》，它是今日太极拳的主体框架，因为把《拳经三十二势》的绘图与目前流传的太极拳拳架对比，大部分动作结构基本一致，且动作名称亦有雷同；其三，太极拳吸纳了道家的吐纳导引养生之术；其四，杨露禅祖孙三代把太极拳从河北广府带到京城，太极拳被世人广泛推崇，此后，太极拳开始广泛传播，继而推广到海内外。[2]目前，这几种观点都有可以令人信服的资料依据，也是普遍被大家认可和接受的。

于志钧先生在其专著《中国太极拳史》中说，太极拳的改造和成拳是由陈长兴、陈清平开始，由武禹襄和杨露禅完成的。其中，武禹襄是关键之关键，他沟通各方，有多方面优势：第一，有很高的文化水平；第二，天资聪慧和身体素质好；第三，有雄厚的财力和良好的人际关系；第四，对太极拳

① 季培刚. 太极往事：晚清以来太极拳的传承系谱[M]. 北京：中国商业出版社，2011：206.
② 于志钧. 中国太极拳史[M]. 北京：中国人民大学出版社，2011.

有执着的追求；第五，也是最关键的地方，有王宗岳的《太极拳论》。《太极拳论》是至今所知直接言称"太极拳"一词的最早史料（图1-1）。

有王宗岳《太极拳论》

陈长兴
(1771—1853)

杨露禅
(1799—1874)

陈清平
(1795—1868)

武禹襄
(1812—1880)

图1-1　太极拳早期传承

## 二、太极拳流派的形成

从杨露禅进京城传授太极拳开始，太极拳逐渐被世人所知。关于杨露禅进京授拳的前因后果，《武禹襄传》有如下记载："仲兄泽棠（汝清）亦酷嗜拳艺，每乘公余之暇，练习数遍，名闻当时。刑部诸公极为钦佩其术，愿执弟子礼而师事焉。泽棠未纳，爰思及同里杨露禅者，为术亦精，介绍京师，以故露禅遂获盛名焉。"[①]根据文中所述，杨露禅进京授拳，是由武禹襄在京城做官的二哥举荐的。太极拳自从在京城传播开始，可谓风生水起、枝繁叶茂。杨露禅除教授王府的官宦子弟外，还把太极拳传给了旗人护卫吴全佑，后来吴全佑在杨露禅传授的太极拳的基础上创建了吴式太极拳。大概在同一时期，武禹襄在河北永年广府，参照所得《太极拳论》，专心致志地研习从陈清平处学到的太极拳，创武式太极拳，然后不遗余力地传授给外甥李亦畬，

---

① 季培刚. 太极往事：晚清以来太极拳的传承系谱[M]. 北京：中国商业出版社，2011.

李亦畲传门人郝为真（1849—1920），郝为真进京传授给孙禄堂，孙禄堂创建了孙式太极拳，这样太极拳就在清末大约60年的时间内，由原来的陈家沟陈式太极拳、赵堡镇陈清平太极拳发展成了杨式、武式、吴式、孙式太极拳4个门派。可以说清朝末年的这一时段是太极拳发展传播的高速阶段，加上原来陈家沟的陈式太极拳及赵堡镇陈清平一派，太极拳形成了六大传承门派，基本形成了"杨式、武式、吴式、孙式、赵堡各式是同一种风格，陈式太极拳是不同的另一种风格"的太极拳门派。有人曾对不同门派的太极拳特点做过如下比喻：杨式太极拳好比体育，武式太极拳好比文化，吴式太极拳好比艺术，孙式太极拳好比宗教，陈式太极拳好比历史……对此，可谓仁者见仁，智者见智。

## （一）陈式太极拳

陈式太极拳传承代数最多，体系庞大，知名度高，出版的文献资料丰富，陈氏家族有详细的传承图谱公之于世，可供查阅。但公开向国人传授的时间稍晚于杨式太极拳及其他门派。资料显示，清朝灭亡后，政治中心南迁，北京改称"北平"，并日渐萧条冷落，杨式太极拳等门派的弟子门生相继南下，随国民政府前往南京、上海等地传拳授艺，北京此时"太极拳家所剩无几"，陈家沟的陈式太极拳，在1928年前后由陈发科、陈照丕叔侄二人带入北京传授，这比杨露禅在北京传授太极拳要晚上60年左右。鉴于陈式太极拳传承体系庞大、内容繁多，图片资料的获取难度及有杨露禅的太极拳师从陈长兴这一历史记载等原因，本书只从陈长兴开始，列出如下主干传承路线，供读者学习参阅：陈长兴（1771—1853）→陈耕耘→陈延年（生卒年不详）、陈延熙（1848—1929）→陈连科（生卒年不详）、陈登科（生卒年不详）、陈发科（1887—1957）→陈照丕（1893—1972）、陈照旭（1909—1960）、陈照奎（1928—1981）、陈豫侠（1924—1986）、顾留馨（1908—1990）、雷慕尼（1911—1986）、李经梧（1912—1997）、田秀臣（1917—1984）、冯志强（1928—2012）、洪均生（1907—1996）→陈小旺（1945—）、陈正雷（1949—）、王西安（1944—）、朱天才（1944—）、张志俊（1946—）、马虹（1927—2013）等。

## （二）赵堡太极拳

关于赵堡太极拳的后期传承，公开的研究资料亦不多见，只列出如下早期传承：陈清平（1795—1868）→陈景阳（生卒年月不详）、张应昌（生卒年不详）、和兆元（1810—1890）、李景延（1825—1898）、武禹襄（1812—1880）等。

## （三）杨式太极拳

杨式太极拳是杨露禅从河南陈家沟学拳回来后，创建的一种不同于陈家沟拳路风格的太极拳，后人称之为"杨式太极拳"。杨露禅在陈家沟学拳时，文献资料中还没有"太极拳"的说法，据说，当时陈家沟的拳叫"绵拳""炮捶"。杨式太极拳创始人杨露禅（1799—1874[①]）有3个儿子，分别是大儿子杨凤侯（也称杨锜，早殇）、二儿子杨班侯（1837—1892）、三儿子杨健侯（1839—1918）；杨健侯有两个儿子，分别是杨少侯（1862—1930）和杨澄甫（1883—1936）。杨少侯的拳技多是伯伯杨班侯所教，杨澄甫的拳技则得于父亲杨健侯和哥哥杨少侯。杨振铭（1910—1985）、杨振基（1921—2007）、杨振铎、杨振国是杨澄甫的后代，杨澄甫在世的时候，他们皆跟随父亲学习（图1-2）。

杨健侯、杨澄甫所传外姓弟子有杨家"三轩"——牛镜轩（也称牛春明）、田绍轩（也称田兆麟）、李雅轩（也称李椿年）等近百人。

当时，杨露禅在京城有"杨无敌"的称号，后人对杨式太极拳的评价有"杨露禅闯天下，杨班侯打天下，健侯、澄甫传天下"之说。祖孙三代以杨露禅老先生技艺最好，杨班侯是老先生之下的第一人，杨健侯比起父兄稍差，但技艺比一般人则高深得多。另据唐豪、顾留馨记述："杨班侯师从武禹襄，

---

① 关于杨露禅卒年，一般流行说法为唐豪、顾留馨的"1872年"，该说缺乏依据。据李滨《杨露禅卒年考》（《中华武术》1993年第6期）考证，应为"光绪初年"，即1875年。后经路迪民《杨露禅卒年新证》（《武林》2006年第7期）再次论证，认为以1874年为宜。——见季培刚所著《太极往事：晚清以来太极拳的传承系谱》第3页脚注。

读书不甚聪慧，习拳颇有领悟，故班侯之技多得之禹襄……班侯性刚骄躁，
于人言词无所让，独于禹襄之技，终身钦佩。"[①]

图 1-2　杨式太极拳早期传承图谱

## （四）武式太极拳

武式太极拳是武禹襄"因公赴豫省，过而访焉"，与河南赵堡镇的陈清
平"研究月余，而精妙始得"，返乡后研究所创。武禹襄（1812—1880）内
传两个外甥李亦畬、李启轩；李亦畬外传门人郝为真、葛福来，内传儿子李
石泉（也称李宝廉）、李逊之（也称李宝让，1882—1944）等；李逊之传子李
池荫（1931—1987）及弟子刘梦笔、魏佩林（1913—1961）、赵蕴园、姚继祖
（1917—1998）等；郝为真内传儿子郝月如（也称郝文桂，1877—1935）及外
传时在京城的河北同乡孙禄堂（1860—1933）等。此外，李亦畬的弟弟李启轩
也有传承，只因公开的资料较少且难以得到，书中所示图例不予详述。如今，
武禹襄故居"太极堂"展厅有早期及近代较为详细的传承图谱（图1-3）。武式

---

① 唐豪，顾留馨. 太极拳研究[M]. 北京：人民体育出版社，1999.

太极拳的早期传承及经典拳论将在下一篇专门阐述，此处不再赘述。

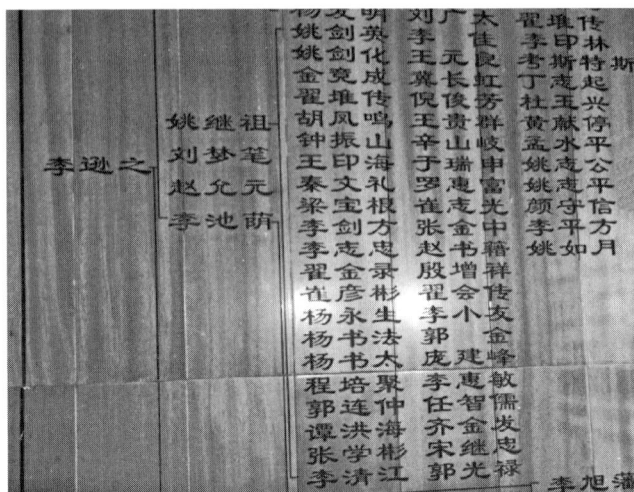

图1-3 武禹襄故居武式太极拳传承部分图谱

武禹襄兄弟三人对太极拳都非常喜爱，并对太极拳习练与技击法有较高程度的领悟和重要著述，长兄武澄清著有《释源论》《打手论》《太极拳跋》《搂字诀》等，仲兄武汝清著有太极拳《结论》一篇。传至外甥李亦畲后，武式太极拳的理论更加完善，李亦畲著有《五字诀》《撒放秘诀》《走架打手行工（功）要言》《虚实开合论》《太极拳小序》及跋各一篇，加上武禹襄兄弟三人拳论、王宗岳《太极拳论》等，皆被后世习练太极拳者奉为传世经典。完备系统的太极拳理论体系是武式太极拳流派对中国太极拳发展的最大贡献。

## （五）吴式太极拳

杨露禅在京城王府传授太极拳时有三大高徒得到了真传且是最为出名的外姓弟子，分别是凌山、万春、吴全佑（1834—1902）。据传，此三人分别掌握了太极拳的三大劲法，凌山善于发人，万春练到了太极拳的刚劲，吴全佑善于柔化，功夫最好。吴全佑，字公甫，号保亭，清朝正白旗人，满族老姓吴福氏，生于顺天府大兴县。其人外表斯文，为人慷慨大方，学拳专心致志，踏实认真，且对师父杨露禅最为孝顺，除跟杨露禅学得杨式太极拳老架外，又跟杨露禅的儿子杨班侯学得太极拳小架。根据相传的武禹襄与杨露禅来往的信函内容推断，杨班侯的太极拳小架是在广府跟随武禹襄读书时由其所教，杨班侯教人多传授杨式拳架，与人交手多用武禹襄所授技艺，故吴全佑兼得了杨式父子所长，拳技精湛，后来创立了吴式太极拳，并传其子吴鉴泉（也称吴爱绅，1870—1942）、弟子王茂斋（1862—1940）。吴鉴泉传吴公藻（1900—1985）、马岳梁（1901—1998）、吴图南（1884—1989）等。王茂斋传杨禹廷（也称杨瑞霖，1887—1982）、王子英（1903—1968）、王培生（1919—2004）、李经梧（1912—1997）等，传承线路比较清晰，如图1-4所示。

图1-4 吴式太极拳早期传承图谱

## （六）孙式太极拳

孙式太极拳的创始人是孙禄堂，河北顺平县北关人，13岁师从河北知名拳师李魁元学习形意拳，同时文武兼修，后又跟从李魁元的师父郭云深继续深造形意拳，还师从京城八卦拳名师程廷华学习八卦拳。1886年，26

岁的孙禄堂尽得形意、八卦精髓。之后，他花两年时间徒步大江南北 11 省，访少林、武当、峨眉等，逢人较技，未遇对手。1912 年，孙禄堂在北京与武式太极拳第三代传人郝为真相识，跟随其学习武式太极拳。1918 年，孙禄堂在形意、八卦等拳种的基础上，创孙式太极拳，自成一家。孙禄堂旁参外家各派，融会贯通，是当时技击之大成者，天资卓异，技击绝伦，达到拳与道和的境界，在近代武林中有武圣、武神、万能手、虎头少保、天下第一手等诸多称谓。今河北省望都县有孙禄堂公园，公园内有孙禄堂所创孙式太极拳招式动作铜像若干（图 1-5）。

（a）

（b）

图 1-5　河北省望都县的孙禄堂公园及铜像

孙禄堂墓园坐落于河北省望都县东任疃村，据墓园管理者介绍，每年的清明节，都会有数百人从海内外前来祭奠。孙禄堂的墓碑上对其生平事迹有比较详细的介绍与评价（图1-6）。

（a）　　　　　　　　　　　（b）

图1-6　孙禄堂墓园内坟冢、墓碑

孙禄堂墓碑上的碑文内容如下：

孙禄堂（1860年12月26日—1933年12月16日），讳福全，字禄堂，号涵斋，河北望都东任疃村人。幼从李魁元复从郭云深学习形意拳，从程廷华学习八卦拳，得郝为真太极拳之传。孙禄堂以极还虚之道鼎革三拳，于形意、八卦、太极三家拳术及轻功、点穴等皆臻登峰造极之境，涉猎南北各派拳械数百种，集有清以来武艺之大成，平生每闻有艺者，必访至，与人较艺未尝负，亦未遇可相匹者，技击独步于时，多次以一敌众，迎战华北武艺铮铮者百余人，击之如鸟兽散，于川楚等地孤身杀散众匪等，时有虎头少保、天下第一手之称，功臻绝顶。通过创立拳与道合的武学体系开创中国武学发展新纪元。著有《形意拳学》《八卦拳学》《太极拳学》《拳意述真》及《八卦剑学》。先后受聘总统府武承宣官，中央国术馆教务主任兼武当门门长，江苏省国术馆教务长、副馆长。其子存周、女剑云及弟子裘德元、齐公博、孙振川、孙振岱、陈微明、李玉琳、郑怀贤、朱国福等为近代武术大师。

孙禄堂墓园"孙公园"（图1-7）大门两侧的对联，更是对孙禄堂一生的高度凝练概括：

德清如天比儒之亚圣孟轲，艺高盖世若佛之六祖慧能。

图1-7　孙禄堂墓园正门

孙禄堂在数十年的授拳生涯中，著作颇丰，从1915年到1932年，撰写了《太极拳学》《形意拳学》《八卦拳学》《拳意述真》《八卦剑学》《论拳术内外家之别》等专著和文章，并培养出了数以百计的风格各异、各有所长的弟子，但其中真正得到真传者据说不过两三人。孙禄堂曾寻天赋慧达者数十年，始终未遇。唯有海桂元天赋尚可，可惜其作为张作霖的贴身秘书，随张作霖出关时被炸死了。根据相关书籍资料介绍，民国二十年（1931），孙禄堂欲寻上等根器之人继承拳学，登报公开招收弟子，其条件有三：一是本人必须酷爱武术，3年之内不准备从事其他事业者；二是大学文化程度；三是面试合格。仅一周报名者300余人。随后，"九一八"事变爆发，国家面临危机，乱世之中人心浮荡，传拳授艺已不是当紧要务，孙禄堂抱憾中断传授，其武学真传乃可谓："修道者多如牛毛，得道者凤毛麟角"，除其子孙存周（1893—1963）、其女孙剑云（1914—2003）及弟子李玉琳（1883—1965）

等少数人资质尚可外，孙禄堂自始至终未能找到根器足够的传人。

## 三、太极拳的理论源泉

### （一）《太极拳论》是太极拳习练者的圭臬

太极拳的经典理论，应首推王宗岳的《太极拳论》，它是武式太极拳创始人武禹襄从当时任河南舞阳县知县的兄长武澄清处得到的，后公开流传于太极拳各家各派，是指导太极拳习练者的"纲领性文件"，被喻为太极拳习练者的圭臬。《太极拳论》从太极拳推手技击的基本理论、练习步骤、具体方法谈到了习练时的易犯错误及纠正方法，甚至细到注意事项。

太极者，无极而生，阴阳之母也。动之则分，静之则合。无过不及，随曲就伸。人刚我柔谓之走，我顺人背谓之粘。动急则急应，动缓则缓随，虽变化万端，而理唯一贯。由著熟而渐悟懂劲，由懂劲而阶及神明。然非用力之久，不能豁然贯通焉。虚领顶劲，气沉丹田，不偏不倚，忽隐忽现。左重则左虚，右重则右杳。仰之则弥高，俯之则弥深。进之则愈长，退之则愈促。一羽不能加，蝇虫不能落。人不知我，我独知人。英雄所向无敌，盖皆由此而及也。

斯技旁门甚多，虽势有区别，概不外壮欺弱，慢让快耳。有力打无力，手慢让手快，是皆先天自然之能，非关学力而有也。察四两拨千斤之句，显非力胜；观耄耋御众之形，快何能为。立如枰准，活似车轮。偏沉则随，双重则滞。每见数年纯功，不能运化者，率皆自为人制，双重之病未悟耳。欲避此病，须知阴阳。粘即是走，走即是粘。阴不离阳，阳不离阴。阴阳相济，方为懂劲。懂劲后，愈练愈精，默识揣摩，渐至从心所欲。本是舍己从人，多误舍近求远。所谓差之毫厘，谬之千里，学者不可不详辨焉。是为论。[①]

《太极拳论》300 余字，字字珠玑，构建了太极拳技击方法的理论框架，

---

① 参见李亦畬《自存本》里的《山右王宗岳太极拳论》。

是太极拳推手技击发展必须遵循的规律与原则。后来各派的太极拳拳谱与推手技击要言皆是在《太极拳论》基础上的进一步研究理解与内涵意义上的引申与拓展。

## （二）《易经》是太极拳的思想基础

太极拳是在太极学说的基础上，在中国传统文化发展的大背景下产生的。相传伏羲绘八卦，周文王演《周易》。这是远古时期形成的对自然界"一分为二"的辩证观点。《易传·系辞上》说："易有太极，是生两仪，两仪生四象，四象生八卦，八卦定吉凶，吉凶生大业。"这是一个典型的对自然的认识论，是中国古代的一种哲学思想，是对宇宙万物生长的一种解释，也是一种世界观。盘古开天辟地的根本思想是"一分为二"，《易传·系辞上》的说法是这一思想的延伸，这个学说是太极拳的理论核心。太极拳的阴阳学说就是在"一分为二""合二为一"的哲学理念上产生的。正如王宗岳的《太极拳论》中所述——十三势者："掤、捋、挤、按、採、挒、肘、靠、进、退、顾、盼、定也。掤、捋、挤、按，即坎、离、震、兑，四正方也。採、挒、肘、靠，即乾、坤、艮、巽，四斜角也。此八卦也。进步、退步、左顾、右盼、中定，即金、木、水、火、土也。此五行也。合而言之，曰十三势"。①

## （三）《道德经》及道家思想丰富了太极拳的内涵与实质

太极拳的"弱能胜强，柔能胜刚"来自老子《道德经》中的思想。老子说"人之生也柔弱，其死也坚强""坚强者死之徒，柔弱者生之徒""弱之胜强，柔之胜刚"。老子的"道"是行为方面的，"德"是属性方面的；"道"是客观存在的，"德"是主观的。他说："反者道之动，弱者道之用。""反"和"弱"都是属性，意思是行为一动，属性就会走向反面。弱的对立面是强，从弱的地位出发，利用"道"这个客观规律来对付强者。这个思想对太极拳的

---

① 参见李亦畬《自存本》里的《十三势》。

原理影响最大，太极拳是"示弱拳"，凡太极拳的"以静制动""以柔克刚""以小力胜大力""左重则左虚而右已去"等思想根源皆在于此。在此理论思想的指导下，太极拳从技术的角度解决了"两强相遇"，特别是"以弱胜强"等外家拳种所不能解决的技术难题。

道家对太极拳的贡献还体现在把"导引吐纳"与道家思想用于太极拳的养生与技击两个方面。太极拳由呼吸调节而成的"内功心法"，是取自道家的吐纳导引之术。太极拳这种独特的异于日常的逆腹式呼吸方式与太极拳法习练的开合收放融为一体，能够让习练者得到奇迹般的养生与技击效果。"拳道结合，由道入拳"是道家对太极拳的最伟大贡献。

## （四）儒家思想树立了太极拳行拳做人的准则

据《孔子家语》记载，孔子在周庙前见到了一种叫"欹（qī）"的器皿，水加满后器皿就翻，没灌水时则是歪的，灌到正好就中正，即满则覆，中则正，虚则欹。太极拳除遵循朴素的阴阳理论而形成其特有的身法要领与战略战术外，在实际运用中也被赋予了"欹"器"以戒满戒虚，允执厥中"的特殊含义。太极拳的"无过不及、不偏不倚"直接取自《论语》，是儒家学说的重要思想。《论语·先进》中，子贡曰："师与商也孰贤？"子曰："师也过，商也不及。"子贡曰："然则师愈与？"子曰："过犹不及。"这段话翻译过来就是，子贡问："颛孙师与卜商谁更优秀？"孔子说："颛孙师有些过分，卜商有些赶不上。"子贡说："这么说颛孙师更强一些吗？"孔子说："过分与赶不上同样不好。"朱熹注《中庸章句》"君子之中庸也，君子而时中"句曰："中庸者，不偏不倚，无过不及""有君子之德，而又能随时以处中也""过者失中，不及则未至"。

太极拳的"中正"应在阴阳两极间，适得其位，适得其时。阳不能过，阴不能丢。丢，不及也，为病；过，犹不及，也为病。武术谚曰，"低头哈腰，传授不高"，立身不能中正，自然就不能支撑八面。所以，太极拳对行拳走架、推手、技击的身形要求是：尾闾中正神贯顶，满身轻利顶头悬，周身一体，齐头并进，人体中轴在平整移动过程中，前为阳极，后为阴极。两极维系着重心。武式太极创始人武禹襄永年故居墙壁挂有一副对联："立定脚根（跟）竖起脊，拓开眼界放平心。"（图1-8）这既是对习练太极拳行拳走架等的具体要求，也是内含儒家思想、教导为人处世的座右铭。

图1-8  武禹襄故居墙壁对联

据传，当年杨露禅在京教拳时，对几个弟子毫无保留地传授，其子杨班侯非常不满，他认为父亲把太极拳的全部真髓都教给了别人，子孙往后恐怕无立锥之地。自此，父子间多有不和。后来，杨班侯将年迈的杨露禅送归老家，弟子吴全佑依依不舍，徒步跟在杨班侯赶的骡车后面，送了一程又一程……杨露禅告诉吴全佑一定要记住"站住中定往开里打"8个字，吴全佑知师父言语不虚，自此通悟，感激涕零。"站住中定"是支撑八面的关键所在，具有儒家思想的深刻内涵。

《论语·雍也篇》："知者乐水，仁者乐山；知者动，仁者静；知者乐，仁者寿。"习练太极拳也讲究"动如江河、静如山岳、静中有乐、意在不老"，这些思想都能从不同的角度体现出儒家修身养性的思想，其中的"动、静、乐、寿"正是习练太极拳所追求的至高境界。

## （五）《孙子兵法》为太极拳提供了技击策略

中国古代兵家首推《孙子兵法》，共有 13 篇，简称《孙子》。《孙子兵法》对太极拳的影响是战略性的而不是战术性的，即对太极拳整体理念的影响，而非对太极拳的具体技术方法的影响，故而太极拳又叫"战略拳"。常言道：八卦圆、太极奸。其中的"奸"是指太极拳在与敌方或对手相搏时的计谋、谋略，是太极拳运用时的智慧。《孙子兵法·谋攻篇》中说"知己知彼，百战不殆"，《太极拳论》则为"人不知我，我独知人"。这些在杨式太极拳第三代传人、被称为"千手观音"的杨少侯的话语中可见一斑。相传，杨少侯关于太极拳有段这样的话："拳不打力，力不欺功，功不敌术。何为术？墙上画门出入自由为巫之术，治病救人妙手回春为医之术，攻无不克战无不胜为兵之术……'人不知我，我独知人'，太极拳之术也。"①杨少侯推手注重活步，他常说："兵无常势，拳无常法。太极无法，动即是法，以逸待劳，不如主动出击……诱敌深入，使其陷入太极圈内，瓮中捉鳖。"再如，李亦畬太极《五字诀·一曰心静》中所说："……此全是用意，不是用劲，久之，则人为我制，我不为人制矣。"正如《孙子兵法·虚实篇》所讲："善战者，致人而不致于人。"《孙子兵法·兵势篇》："凡战者，以正合，以奇胜。故善出奇者，无穷如天地，不竭如江河……战势不过奇正，奇正之变，不可胜穷也。奇正相生，如循环之无端，孰能穷之哉！"太极推手中的四正四隅也如循环之无端，不可胜穷也。太极推手所讲的"用意不用力""先之于意，后之于发"的计谋与《孙子兵法》中的"诱敌深入""出其不意，攻其不备"等谋略是吻合的。

## （六）传统医学把太极拳的技击与养生理论提升到更高层次

中国传统医学的经络学说最早见于《黄帝内经》，该书集战国以前先祖医学之大成，是中华民族的一项伟大成就。《黄帝内经·灵枢·经别篇》说："夫十二经脉者，人之所以生，病之所以成，人之所以治，病之所以起……"经

① 季培刚. 太极往事：晚清以来太极拳的传承系谱[M]. 北京：中国商业出版社，2011.

络是人体气血运行的通道，人体有十二脏腑，共十二经。经脉连通构成人体的经络系统。经络系统仅存于活人身上，死人是没有的，西医解剖死人尸体是找不到经络"感而应之"的神奇反应的。由于经络与人体的脏腑相联系，于是就有了针对穴位的按摩和针灸治疗疾病的神奇方法，太极拳的内功心法就是在认清人体脉络运行规律的基础上，通过呼吸方式来促进气血畅通，达到提高功力、强身健体、养生延年的功效的。

中国武术源于搏击格斗，"一招毙命"是过去战场上、江湖上的士兵、拳师搏杀格斗的直接目的。所以，了解人体结构的关键点、薄弱点是拳师们传授技艺必须掌握和面对的问题。掌握了人体的关键所在，练功与养生的目的性就更加明了，实战与技击更加直接与凶狠，效果也更加明显，所以就有了"详推用意终何在，益寿延年不老春""会打的打一下，不会打的打十下"之说。技击拳谱有云："上打咽喉下打阴，左右两肋并中心，下有两膝加两臁，脑后一掌见阴魂；搬拦捶儿打胸前，肘底看捶打腰间……"，这里所指击打目标都是人体的关键部位，如天突、期门、膻中、章门等要穴。太极各门秘传的内功心法，技击中的拿梢、抓脉、闭穴、卸骨等独特用法都是传统医学在练功、养生与实战中的具体应用。

太极拳自产生以来，诸多太极名师除太极拳术进入高明境界外，精通传统医术者不乏其人。据不完全统计，自清朝晚期以来，在史料有记载的精通传统医术的太极拳名家中，最为有名的是被称为诗、书、画、医、拳"五绝奇士"的杨式太极拳传人郑曼青（1902—1975）。他精于医理，对妇科、骨科别有心得，曾任全国中医公会理事长，在民国二十一年（1932）投拜杨澄甫门下，时杨澄甫续弦侯助清夫人患病，多方求治无效，经郑曼青悉心诊治，终告痊愈，"师感之，悉以口诀相授，他人所未闻也"。武式太极拳传人李亦畲"兄弟二人救活小儿患痘疹者甚多。广平府知府长启（满族人）闻而善之，为立局开诊，先后二十余年"。吴式太极拳传人吴图南，早年就读于京师大学堂，学习西医，同时向太医院的李子裕先生学中医，学贯中西医学。马岳梁创办了上海中央医学院、中山医院。另外还有杨式太极拳传人阎锡山的师傅张钦霖等，不胜枚举。

正如于志钧先生所说：太极拳内含《易经》的阴阳之理、《老子》的刚柔之论、儒家的中庸之道、《孙子兵法》的虚实战略、中医的经络之理、道家的吐纳导引之术、理学的太极学说、技击家的纵横屈伸之论，时间之长河可上溯五千年之黄帝，参与人之众多，不可计数，是中国传统多元文化在技击术上的升华，真可谓集中华五千年传统文化的大成之作。

## 四、太极拳传承中的蜕变与流失

太极拳最初的核心应用功能是实战技击，养生是在后来的传承发展中才逐渐被提及与认可的。在近 200 年的传承中，其核心应用功能发生了很大变化，有相当多的实战招法、劲法、功法失传。

### （一）太极拳早期的核心功能是技击

众所周知，王宗岳的《太极拳论》是太极拳习练者的纲领性文件，通篇 359 字，从太极拳推手技击的理论、练习步骤与方法讲到与同类技击术的差别及提高太极拳技击术理应注意的重要事项，通篇所讲全是太极拳技击概要，没有一个字词与"养生"联系在一起。被称为陈式太极拳创始人的陈王廷的七言《拳经总歌》共 22 句歌诀，基本上都是写太极拳在实战中的攻防技术与策略，"技击性非常强，而且歌诀中没有一句涉及养生"，太极养生"典无出处"。

杨式太极拳宗师杨露禅在京城传艺期间，与人比武从无败绩，因武艺高超无敌，世称"杨无敌"；武式太极拳创始人武禹襄，"相传他手臂有三百斤之力，而犹多招门客择其力大有勇者与之相扑，以验技巧"，他的外甥、第二代宗师李亦畬也常常"招至乡勇，而自验其术"。

传统武术拳种一般采用"打练结合"的模式，清末至民国时期，正是太极拳开始传播与发展的鼎盛时期，杨、武、陈等各家门徒，立擂、打擂、比武、夺冠的事情皆有记载，多是靠太极拳技击实战的真本事，以技服人。正如有些学者所言："中国武术为实用而创，以技击为本，武术的一切环节都是为了技击这个最终目标展开运作的。"太极拳的早期传播中，技击是其主题核心，当时的拳论拳理是以技击为核心应用的最好佐证。

## （二）养生功能是太极拳随时代发展的衍生

中国古典文献中关于养生的理论书籍流传下来的不在少数，《黄帝内经》是其中的代表。20世纪70年代，长沙马王堆三号汉墓出土的竹简"养生方"释文和导引健身图谱，证明了中国从春秋战国、西汉时就有了导引养生方法。只有200年左右的太极拳，则是靠出类拔萃的技击技术为核心要素进行传播的，早期对养生功能根本没有明确的认识。学者郭志禹在其研究中，通过查阅大量古典养生文献典籍明确指出："未见传统养生文论中有'太极拳养生'一类的记载。"实际上，养生是太极拳随时代发展的衍生。

### 1. 时代变迁，迎合民众才能生存发展

清末民初，西方坚船利炮入侵，我国以冷兵器为主的时代基本结束，以技击技术为核心要义的太极拳的传播随着时代的变迁产生了新的主题。由于太极拳在习练过程中引用了道家的吐纳呼吸之技，加之传承者中多有精通中医的文人儒士，如武式太极拳宗师李亦畬、杨式太极拳名家郑曼青等，太极拳的养生功能开始被传播者提及。太极拳有养生功能的提法成为其在这一特殊时期生存发展的最好路径，也是传播者吸引受众的最好"宣传"。杨式太极拳门徒许禹生、陈微明等民国时期出版的《太极拳势图解》《太极拳术》等介绍太极拳学的刊印书籍最具代表性，许禹生在书中自序中写自己练太极拳："习未期年，而宿疾尽愈，效至巨矣。"陈微明也以自己为例，现身说法，在《太极拳术》自序中称自己20多岁时"体羸多病"，少年白头，白头发有十分之三四，通过习练太极拳，"精神发越，大异于前"，并说他的朋友"劳伤痼疾"，通过习练太极拳，"莫不豁然脱体"，把太极拳说成"诚养生祛病之妙术，御侮其余事也"。

1948年，身居海外的董英杰在《太极拳释义》一书中，也有专门谈及"太极拳能祛病延年"和"谈太极拳养生"的两段文字，借用孟子的"苗之将枯（如人枯瘦），天油然作云，沛然下雨（如气血润身）"等语言解释练太极拳时人体

运动出汗能让肥胖者变瘦，瘦者变强壮；还把太极拳身法中的"含胸拔背"牵强地解释为"能医疗肺病胃病者"的要领。"每日练三遍太极拳，所有失眠，血压高，肺弱，胃病，腰病，肾病，贫血等，一扫而空。驼背弯腰，手足不灵，腰腿不随诸般症候，皆有特效，获不可思议之益处。"①在刊印书籍出版物和拳社学徒的传播下，太极拳俨然成了这一时期能治百病的"良方妙药"。太极拳有养生功能的说法被习练者普遍接受，而这一时期对养生功能的解释，多是习练者对动作本身的感悟或借道家的"导引吐纳"、孔孟之道和传统中医的"气血经络"等理论给予阐述的，因毫无科学研究作为支撑，这些解释现在读起来多少有些牵强附会，是否属于"幸运者偏差"现象无须也无法考证，但太极拳有"养生功能"对当时太极拳的传播起到了极好的宣传与推动作用，而太极拳是否有益于人体健康及是否有养生功能的科学性的医学、实验研究，在此时基本上查不到相关史料给予佐证。在特殊的地区及时代背景下，传播者为了传承国粹或维持生计，将以技击为核心要素的太极拳主动迎合社会的需求，加上养生效果的"夸张性"宣传，使其逐步向"养生功能"倾斜。

**2. 服务大众，养生功能在应用失衡中走向极致**

中华人民共和国成立以后，1952 年 6 月，毛泽东为中华全国体育总会的成立题词"发展体育运动，增强人民体质"，给新中国体育事业的发展指明了方向。1956 年，国家体育领导部门开始反对武术"唯技击论"，将武术向体操化方向改进，大力提倡全民体育运动。1956 年，24 式简化太极拳在全国推广。在"去技击化"思想的指导下，太极拳的养生功能被日益重视。1961 年，杨式太极拳第五代传人金仁霖到上海纺织第一医院放射科测试"腹式顺、逆呼吸的 X 光透视观察"，证明了太极拳逆腹式呼吸膈肌的"动程"大于顺腹式呼吸，能增大肺活量，对健身的意义非常大。这是对太极拳有养生功能比较有说服力的一次突破。

"文化大革命"以后，特别是全民健身运动开展以来，对太极拳养生功能的研究如雨后春笋。太极拳的养生功能多通过对比性实验研究给予证实。据

---

① 董英杰.太极拳释义[M].北京：北京科学技术出版社，2017.

观察者网（2016 年 11 月 18 日）报道，从 2012 年 6 月执行"神舟九号"任务的刘洋开始，到 2016 年 11 月执行"神舟十一号"任务的景海鹏、陈冬，我国首位航天员杨利伟设计的"巡天太极"研究，在太空这种特殊环境下习练太极拳，把其对人体生理和心理的调节与影响推向了更高层次。

## （三）太极拳应用嬗变过程对比

太极拳的养生功能赢得了中老年群体的高度认可与青睐，太极拳围绕着一个庞大的以中老年人为主的习练群体生存发展，导致技击技术应用日渐被这一特殊群体冷落淡化。在"顾此失彼"的大环境下，太极拳"妙手"技击绝技也随着老一代太极名家的去世而日渐弱化甚至失传，如杨式太极拳传至第三代杨澄甫时，由于特殊的时代背景，授徒已经"不再以技击为唯一目标，广行健身养生之道"了。正如一些学者所言，杨露禅在传播太极拳时地位的建立，靠的是"出手见红"的太极技击真功夫，其后太极拳的传播地位靠的已不再是真刀真枪的技击实战了，而是推手的文比，再后来就是靠前辈的江湖地位和名声，以及舞蹈化、体操化的行拳走架了。太极拳技击技术的核心地位开始动摇，随着岁月变迁，养生功能凸显，发展重心偏移，应用失衡。

笔者根据社会背景，运用历史研究方法，依时间发展的纵轴，把太极拳的发展分成以下 4 个阶段，通过对比，能明显看出其应用嬗变失衡的过程（表 1-1）。

表 1-1　太极拳应用嬗变失衡过程对比

| 发展阶段 | 太极拳功能 | |
|---|---|---|
| | 技击功能 | 养生功能 |
| 晚清早期传播阶段（1840—1912） | 杨露禅艺成，进京传播太极拳，人称"杨无敌"，太极拳名扬天下，传至二代、三代；武禹襄创式太极拳，传李亦畬，再传郝为真等，皆以技击为核心。太极拳技击技术出类拔萃 | 历史文献及太极拳谱中没有提及太极拳的养生功能，也没有相关科学研究证明太极拳有养生功能 |

| 发展阶段 | 太极拳功能 | |
| --- | --- | --- |
| | 技击功能 | 养生功能 |
| 民国传播发展时期（1912—1949） | 太极拳各门派涌现出一批掌握太极拳技击技术的佼佼者，太极拳技击技术被社会认可，备受世人推崇 | 在出版的极少数太极拳谱及读物中提到太极拳有强身健体养生功能，但缺乏现代科学的实验研究佐证 |
| 社会主义建设时期（1949—1978） | 武术发展推行"去技击化"指导思想，太极拳多为新编的竞技套路表演，被"体操化"；推手追求养生，技击散手淡出人们的视野 | 24式简化太极拳等简化套路被推广与普及；养生功能从理论上被大众接受，单方面追求太极拳养生的"探讨性"研究开始出现；太极拳成为中老年群体活动的主要形式 |
| 改革开放至今（1978至今） | 太极拳推手比赛开始出现，技击应用挖掘、整理与研究力度不大，缺乏计划性、系统性；太极拳技击应用走上擂台，与职业散打比赛产生差距，舆论普遍认为太极拳不能用于技击，太极拳技击应用技术遭质疑 | 自全民健身运动开展以来，关于太极拳养生功能的实验性研究大量涌现，研究对象多为中老年群体，太极拳的养生功能被科学研究充分肯定，并被社会大众接受，太极拳因其养生功能在世界范围内得到更广泛的推广普及 |

## （四）传承中核心应用的流失

### 1. 早期传播对象与区域的局限

在太极拳发展的早期阶段，门派保守思想相当严重。当时，陈家沟陈式拳术不传外姓，河北永年杨露禅为学得太极拳，先后三次去陈家沟，历时十六载方得到"真经"。从杨露禅开始，"门里边"就有"五可传"和"八不传"的"门规"，杨露禅能学到陈式的拳（当时不叫太极拳）是一个特例。他专心致志数十年，把学到的拳技带回河北永年，河北望族武禹襄"见而好之，常与比较，伊不肯轻以授人"，就是说杨露禅学成后连好友武禹襄都不肯传授。杨露禅父子进京授拳"打天下"，并开始在王公贵族中传授，太极拳才得以被世人所知，而京城的王公贵族、达官贵人多为社会上层的纨绔子弟，花天酒地的生活方式使其根本达不到习武之人的基本要求，在当时"穷文富武"的社会背景下，受众人数可想而知，真正得其真传者屈指可数、凤毛麟角。杨露禅所授弟子吴全佑创吴式太极拳，传播范围仍为家族至亲和少数社会上层人士。

武禹襄为学得太极拳技，去河南赵堡投靠陈清平学艺，从时任河南舞阳县知县的大哥武澄清处得王宗岳的《太极拳论》，"精妙始得，神乎技矣"，创武式太极拳，仅与其外甥李亦畬、李启轩一起研习。李家子弟均以诵读科举为业，他们都不以拳师自居，不轻以拳技授人。在李亦畬《太极拳论》的跋中得知："此谱得于舞阳县盐店，兼积诸家讲论，并参鄙见，有者甚属寥寥，间有一二者，亦非全本。自宜珍而重之，切勿轻以予人。非私也，知音者少，可予者其人更不多也，慎之！慎之！"武式太极拳传至第三代李逊之、郝为真后，才对外开门收徒，郝为真传孙禄堂，孙禄堂创孙式太极拳，传播范围局限在河北永年周边至北京一带，人数也极为有限。至今武式太极拳的"敷、盖、对、吞"四字不传秘诀之绝技，可能只掌握在极少数人手中，对于大多数太极拳习练者来说这始终是一个无法企及的未解之谜。

杨、武两家太极拳开始时的传播局限在京城达官贵人和永年武、李家族子弟的极小范围之内。传播对象皆为自己的嫡亲至亲，还有王公贵胄及个别旗人护卫。嫡亲传承线路相对单一，门规要求严格、门槛较高，如杨式太极拳"口授穴之存亡论"就有"八不传"的门规要求：不传不忠不孝之人，不传根底不好之人，不传心术不正之人，不传鲁莽灭裂之人，不传目中无人之人，不传不知礼节无恩之人，不传反复无常之人，不传得易失易之人。传承者在达到人品要求的情况下，还需"果其有始有终，不变如一，方可将全体大用之功，授之于徒也"。双重标准下，一旦某一环节"断层"，就会直接导致此门绝技失传。

随着清王朝的灭亡和民国的建立，当杨式太极拳传至第三代杨澄甫后，为时局所迫，杨式太极拳加以改良，从北京南下至南京，习练者多为达官贵人、贤达名流。

尽管太极拳在传播中规模、范围逐渐扩大，但太极拳的核心技击技术多为门派内至亲和极少数天赋较好的"门墙内"弟子能够学到，普通大众很难接触到太极拳的核心技击精髓，大多数习练者只能学到太极拳架等外在的"皮毛"。

### 2. 太极拳自身特点及传授周期较长

封建社会时期，武林中开场收徒多为养家糊口，保守思想根深蒂固，如传男不传女、传亲不传外，对外收徒教拳架，对内弟子传绝活。"宁传十斗金，不传一句真；教会徒弟，饿死师傅；宁教十手，不教一口"等世俗思想，是较多门派武师沿袭不变的人生信条。所以，传授者墨守成规，放慢教授节奏，以维持生计是一种普遍的心照不宣的社会现象。太极拳不同于外家拳，有其自身的特点，从学习到有功夫的过程较长，习练过太极拳推手的人都清楚地知道，太极拳推手是一个相当复杂的运动过程，只有通过长期"推手"实践的知觉运动才能建立起"周身一家"的快速灵敏的神经肌肉应急反应通道，与对手一接触，就能通过自己的皮肤肌肉感知把信息快速传入中枢神经，做出应急处理，这就是武式太极拳郝为真宗师所说的："彼手快不如我意先，彼力大不如我气敛。"[①]所以，太极拳从行拳走架到周身一家，再到推手发劲、散手技击，需要时间和练习的积累，没有一定的量的积累就不可能达到质的飞跃。按照现代运动训练学的理论解释，太极拳的学习与习练符合运动技能形成的基本规律，所以，要想熟练系统地掌握太极拳套路、技能，成为太极拳技击高手，在具备一定天赋的条件下，习练者每天习练 2 小时，至少也需要 3 年的时间。正如杨式太极拳第三代宗师杨澄甫在他的《太极拳使用法》中所说：太极拳架三个月可以学会，一年可以练熟，五年可以练好，拳理十年终糊涂，焉能知精微奥妙知觉运用？他还在《太极拳之练习谈》中说："太极拳乃柔中寓刚，绵里藏针之艺术，于技术上、生理上、力学上，有相当之哲理存焉。故研究此道者，须经过一定之程序与相当之时日。"太极拳动作舒缓、收效缓慢，血气方刚的青年人不喜欢练拳的慢节奏。正如常言所说：三年形意打死人，十年太极不出门。太极拳劲法、功法等功夫需要学者有极高的悟性，必须有名师"口授指示"，加上长年苦功坚持与多名同伴"相手"练习才能练到身上，非短期内能够达到立竿见影的效果。"太极十年不出门"说的就是太极拳从开始习练至能技击应用的过程和难度。这如同一个足球明星

---

① 郝少如. 武式太极拳[M]. 北京：人民体育出版社，1992.

的成长，相关研究表明，从少年时期开始练球到成为足球明星，大约需要 1 万小时的足球专门性训练，也就是说，每天练习 2～3 小时，至少也需要 8 年的积累，这也是科学界公认的"一万小时定律"。很多人习练太极拳两三年感觉不到进步与变化，加之遇不到名师言传身教，根本没有机会触碰到太极拳的核心技击技术，心灰意冷，中途放弃也就不足为奇了。

### 3. 历史事件的重创与发展导向的影响

太极拳早期的主要传播地是北京和南京地区，后来因为战争，社会中的传人难逃劫难。百年内，战争频繁发生，太极拳相对稳定的传承脉络一再被动摇或破坏，甚至断层，身怀技击绝技的太极拳宗师们有的在战争中去世，有的迫于时局压力传授无以为继，有的流亡海外。各派经典拳论不是在战火中流失，就是在相关历史事件中被毁或付之一炬。这是造成太极拳核心技击精髓大部分失传的直接原因，损失与打击几乎是毁灭性的。

中华人民共和国成立后，武术运动提出了"去技击化"的指导方针，朝着体操化、舞蹈化、竞技比赛套路表演难度化方向发展，太极拳发生了质变。1956 年国家体育运动委员会（以下简称"国家体委"）召集当时国内的一些著名太极拳专家，在杨式太极拳的基础上创编了 24 式简化太极拳。20 世纪 80 年代又相继推出 42 式、48 式简化太极拳套路。与广播体操一样，太极拳成为人们工间或业余时间休闲养生的保健操，太极拳真正的核心精髓——技击应用逐渐被淡化，掌握太极拳散手技击技术的人越来越少。体育学院武术专业毕业的学生，是中国武术发展与传承的主力军，但多数只是会表演高难度的被改良的太极拳套路，不懂太极拳推手、不知道太极拳还能够技击的学生不乏其人，太极拳实用技击技术在教育传承中异化、失传。

### 4. 研究领域的片面

在改革开放时期，太极拳的国际交流与普及活动日益频繁。王俊杰等的《基于知识图谱的国外太极拳运动研究热点与演化分析》中显示，太极拳已经传播到世界上 200 多个国家中的 150 多个，单从 1981 年至 2012 年，国外研究太极拳的论文就有 414 篇，研究对象多为中老年及妇女群体，研究热点主要集中在平衡能力、跌倒、肌肉力量、心率、血压、（心理）压力等方面与中老年养生及慢性基础性疾病相关的一些指标上。[①]伴随着中国体育事业的飞速发展，太极拳的健身养生功能也得到了国内体育科研工作者的高度重视，特别是北京成功举办 2008 年奥运会后，全民健身运动蓬勃开展，相关研究大量出现。通过中国知网的搜索查询得知，仅从 2008 年至 2020 年的 12 年间，国内核心期刊发表的有关太极拳研究的论文就有 556 篇，而关于太极拳技击技术原理及实验性研究的论文只有 17 篇，可谓少之又少，大部分研究都是围绕习练太极拳对身体功能的影响等方面，研究对象多为中老年群体，实验样本的采集与选择相对范围较小，太极拳的普及与养生成为研究者的主流课题。众多研究充分肯定长期习练太极拳能改善人体的机能状态，促进神经和内分泌系统的功能；改善心血管、免疫、呼吸和运动系统的功能；通过对各大系统的综合作用，达到其健身和养生的积极效果。太极拳养生功能的主流研究趋势导致了人们对太极拳认识的片面性，多数 80、90 后的年轻人都错误地认为太极拳不能用于技击，太极拳是老年人的专利，是养生拳、老年拳，不适合年轻人习练。

---

① 王俊杰，王培勇，徐坚，等. 基于知识图谱的国外太极拳运动研究热点与演化分析[J]. 体育科学，2012，32（10）：77-84.

# 第二章
# 武式太极拳的起源与发展

### 本章导读

　　太极拳是中国传统内家拳术的代表性拳种。与杨式太极拳出于同一地区、同一时代的武式太极拳，是河北永年（图2-1）望族武禹襄在本郡城南杨露禅"伊不肯轻以授人，仅能得其大概"的情况下，凭着对太极拳的孜孜追求，前往河南亲访赵堡镇陈清平"研究月余，而精妙始得"后，结合从其兄处得的《太极拳论》于1853年前后开始，与外甥李亦畬、李启轩两兄弟长期演练实践创建而成的。本篇从武式太极拳的起源谈起，沿着武禹襄传外甥李亦畬、李启轩两兄弟，尤其是李亦畬传门人郝为真、其子李逊之这条早期传承主要脉络进行简要的梳理，在文字资料陈述的基础上，结合目前大众媒体公开的主要传承人照片，给予图示说明，同时对在武式太极拳第四代传承人姚继祖发起、领导与推动下，永年武式太极拳研究会所取得的新的发展与贡献进行了阐述，以期读者对武式太极拳早期传承与发展有一个比较直观、全面的了解。

图2-1　河北永年古城

## 一、武式太极拳简述

武式太极拳是中国太极拳几大重要流派之一，为河北永年广府东街武禹襄所创。武禹襄，名河清，号廉泉，字禹襄，清嘉庆十七年（1812）生于直隶广平府（图2-2、图2-3）。其家族自明初永乐年间从山西太谷迁至永年，到武禹襄已是第七代，为永年县广平府四大望族之一。

图 2-2　武禹襄故居照壁正面

图 2-3　武禹襄故居大门、内宅

武禹襄自幼即跟父亲练习外家拳术，同乡杨露禅赴河南怀庆府温县陈家沟师从陈长兴学习拳术，10 余年后技成返乡授艺，其当时所学之拳技与众不同，人称"绵拳"。武禹襄"见而好之，常与比较，伊不肯轻以授人，仅能得其大概"，后"因公赴豫省，过而访焉"，拜访了赵堡镇名师陈清平，并与陈清平"研究月余，而精妙始得"。

据载，"武禹襄性至孝且耿直，因祖坟被盗，愤争于庭，得罪官员，累及科考，屡试屡黜，遂绝意仕途，放弃科考"，[①]终身以教书为业，从此不问仕途，专心研究太极拳术。他从杨露禅那学到了太极拳的"大概"，与陈清平研究了太极拳一段时间，得到了精妙积累及铺垫，加上从兄长舞阳县知县武澄清处得到的王宗岳的《太极拳论》，所以更有法悟。可谓远法王宗岳，近师陈清平。他经过多年专心研习，对太极拳理融会贯通，拳风"独树一帜，自成一家"，创武式太极拳，其拳技可谓精益求精，登峰造极。

当时，杨露禅的儿子杨班侯师从武禹襄，后成为除杨露禅之外的第一人，即"老先生之下的第一人"。在唐豪、顾留馨《太极拳研究》"清·武禹襄传"中就有"杨班侯师从武禹襄，读书不甚聪慧，习拳颇有领悟，故班侯之技多得之禹襄……班侯性刚骄躁，于人言词无所让，独于禹襄之技，终身钦佩"的记载。武禹襄卒于光绪六年（1880），时年 69 岁，直至临终，还与身边之人谈拳论技。其拳论皆根据自身体验而得，句句精要，字字珠玑，无一浮词。

武禹襄的外甥李亦畬于光绪辛巳年（1881）在太极拳谱《五字诀》的"小序"中记述了武禹襄学拳的概况。从文字记载中可知，武禹襄喜欢太极拳，郡南关杨某（杨露禅）前后 10 余年历尽艰辛，在河南陈家沟学到了太极拳，但又不肯轻易地把学来的太极拳传授给武禹襄。为此，武禹襄就去了河南怀庆府的赵堡镇拜访陈清平，经过一个多月的研究学习，得到了太极拳的真传。

武禹襄与自己的外甥李亦畬、李启轩研究习练，对太极拳拳理精通备至，

---

① 季培刚. 太极往事：晚清以来太极拳的传承系谱[M]. 北京：中国商业出版社，2011.

融合入长期习练心得，独创一派——由"赵堡陈清平架演变而来"的太极拳，后人称之为"武式太极拳"，又因武禹襄当时是与其外甥李亦畬、李启轩一起研究习练，也有人叫其"武李拳"，以别于其他流派的太极拳。武禹襄为世族儒生，不需以拳技授徒自给，颇为自珍，不轻以授人，加之时风士大夫阶层亦不乐于为拳师，故其拳式所传不广，只其外甥李亦畬得其真传。

目前，传承下来的武式太极拳包括拳架套路 108 式、定步活步推手、太极散手、太极十三连环剑、太极十三刀、四式追魂刀、太极十三杆、太极粘黏四杆、太极内功心法等。武式太极拳 108 式拳架套路具有小巧紧凑、动作舒缓、身体中正、步法严格，用内动的虚实来支配外形，左右手各管身体的半边，不相逾越，出手不过脚尖等不同于陈式、杨式太极套路的显著特点，此内容将在后续章节中给以图例说明。武式太极推手、散手、十三杆、内功心法等是武式太极拳最具有代表性的核心技术。

武式太极拳从武禹襄到李亦畬，逐步形成了一套完善的理论体系，其"老三本"中的《太极拳论》是迄今为止被公认发现最早提及"太极拳"一词的著作。知名太极拳大师、中国传统武术史学家于志钧在《太极拳史》中说道：至今，在《太极拳论》之前没有出现过"太极拳"三个字连在一起的任何文字资料。武式太极拳"老三本"理论著作，李亦畬自存本现保存完好，由李逊之的儿媳、李池荫的夫人珍藏（图 2-4、图 2-5），郝为真本现保存在郝少如的义子郝吟如（王慕吟）手中，唯有启轩本不知去向，据李氏后人说："启轩本究竟佚失于何时，终成为永久不解之谜。"据传流落海外，真实情况不得而知。

"老三本"阐述太极拳理的字句运用精准独到，无一浮词，内容全面科学。现代太极拳家、武式太极拳第五代传人姚志公说：武式太极拳的"老三本"表明武式太极拳已基本完成了从实践到理论的过程，表明武式太极拳理论体系已基本形成，代表着当时太极拳理论的最高水平，是太极拳走向成熟的最鲜明标志。武禹襄、李亦畬等从理论到实践、从实践到理论的孜孜以求，为武式太极拳构建了雄厚的理论与实践紧密结合的完整体系，"敷盖对吞""擎引松放"把太极拳的理论与技击水平推到了一个不可企及的高度。

图2-4　照片从左至右依次为：李昶藩（李池荫的次子）、张得保、
李池荫的夫人、杨书太（李池荫的外甥）

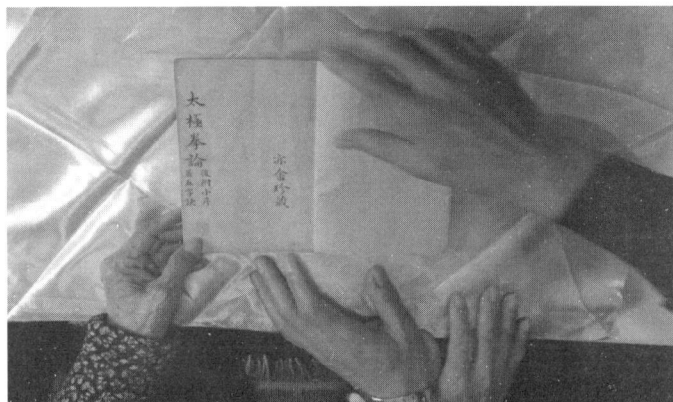

图2-5　李亦畬自存本

## 二、武式太极拳的早期传承

　　武禹襄创建的武式太极拳传至外甥李亦畬、李启轩兄弟。李氏兄弟为永年世族儒生，都是读书人，虽然执迷于太极拳的习练实践与理论研究，但是受传统"重文轻武"思想观念的影响，不以习武授拳为业，不轻以拳技授人，多在自己家族人中传授习练，李亦畬仅传门人郝为真等极个别人。李亦畬有两子，长子李宝廉、次子李宝让（也称李逊之）；李启轩有三子，长子李宝琛（也称李咸南）、次子李宝篯、三子李宝桓（也称李信甫）；李宝廉传子李槐荫

（也称李子固），李宝让传子李池荫，李宝琛传子李福荫等。由于图片资料收集等客观原因，图2-6只列出李逊之、郝为真传承脉络中的部分主要传承者，供读者参阅。

图2-6　武式太极拳主要传承图示

　　武式太极拳从第三代开始，门人郝为真将其从永年向外传授。据武式太极拳第四代宗师姚继祖先生记述：郝为真在清末民初时，任直隶省广平府中学堂和永年县立小学堂武术教授时，为了便于集体教学，适合"一至四"呼发口令，将架势中的懒扎衣、搂膝拗步动作后面添了开合，即成郝派的"开合太极拳架子"。故在开始传播的数十年中，人们都称其为"郝家拳"或"郝派太极拳"。民国初年，郝为真"入京访友"，在京城为答谢孙禄堂在其生病期间对他的关照，将其技艺传授孙禄堂。孙禄堂在郝式开合架子的基础上，结合自己多年习练形意拳、八卦拳的深厚功底，又改进了步法与式法，而成为现在流行的"孙式活步太极拳架"。至郝月如南下教拳与郝少如写《武式太极拳谱》时，两人的太极拳都又有增益，可谓武式中的新架。武式太极拳能向外广为传播，蜚声海内外，郝家祖孙三代做出了不朽的贡献（图2-7）。

图 2-7　武式太极拳郝式支脉主要传承图示

　　据李逊之的嫡长孙李旭藩讲述，根据当年姚继祖的回忆，民国二十二年（1933），李逊之在挚友赵俊臣的请求劝说下，收刘梦笔、赵蕴园、魏佩林、姚继祖为徒，武式太极拳李式支脉除家族嫡传外，开始向外传播，又有了一支新生力量。也正是这支力量奠定了武式太极拳发展壮大的坚固基石，为武式太极拳的发扬光大做出了历史性的贡献（图 2-8）。

图 2-8　武式太极拳第三代宗师李逊之于 1940 年与友人、弟子合影
注：图中前排从左至右为赵俊臣、李池荫、李逊之；
后排从左到右为姚继祖、魏佩林、赵蕴园、刘梦笔。

由于郝为真的远播、李逊之的近传，因此形成了武式太极拳"繁衍生息"的根脉，为武式太极拳的生存发展起到了承前启后的关键作用。

## 三、武式太极拳的发展现状

武式太极拳从武禹襄开宗立派开始，至今已有一百六七十年的历史。一百多年来，武式太极拳的传人队伍在不断发展壮大，他们在各自的努力发展中，为武式太极拳的传承与普及做出了不朽的贡献。

改革开放之后，武式太极拳的发展又迎来了新的契机。1979 年，武式太极拳第四代传人姚继祖在永年广府率先成立"武式太极拳学校"，并出任校长；1984 年，姚继祖出席武汉国际太极拳（剑）表演观摩会，被评为全国太极十三名家之一。1992 年 4 月，经永年县民政局审核批准，姚继祖创建的永年县武式太极拳研究会（本节简称研究会）登记成立（图 2-9）。

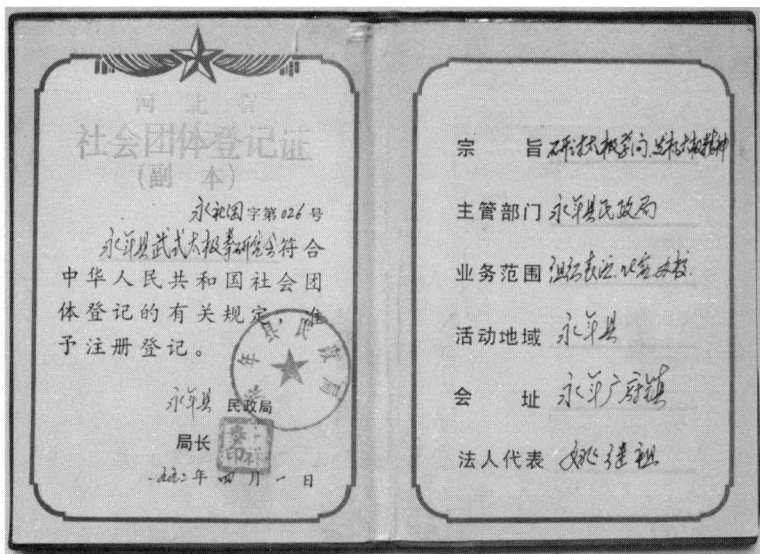

图 2-9　永年县武式太极拳研究会登记证

研究会在姚继祖的带领下，坚持中国共产党的领导，以研究武式太极拳的形成、沿革、发展史和太极拳理论，传授武式太极拳、剑、刀、杆（枪）

及推手等传统技理技法，弘扬中华传统武术精神，提倡科学健身，以为人类健康和社会发展做贡献为宗旨，积极组织开展多种形式的太极拳培训交流活动，对传承和发展武式太极拳起到了承前启后的作用。姚继祖作为两届省政协委员，积极向各级政府建言献策，使武式太极拳祖师武禹襄故居得到了及时的保护，为重修故居提供了保障，使世界各地的武式太极拳习练者有了寻根问祖的场所，使之成为广府古城这一 5A 景区的一处靓丽的人文景观（图 2-10）。

图 2-10　武禹襄故居合影

注：图中从左至右为张得保、姚志平（永年广府武式太极拳研究会会长姚继祖的嫡孙、武式太极拳第五代传人）、李昶藩（李逊之的次嫡孙）、李旭藩（李逊之的嫡长孙、永年广府武式太极拳研究会荣誉会长、武式太极拳第五代传人）、杨书太（李逊之的外孙、武式太极拳第五代传人）、李永章（李逊之的嫡孙、永年广府武式太极拳研究会常务副会长兼秘书长、武式太极拳第五代传人）。

1996 年 5 月，研究会在永年广府武禹襄故居组织举办了"武式太极拳联谊会"，姚继祖在联谊会上就武式太极拳的发展情况做了精彩的演讲（图 2-11、图 2-12）。在姚继祖的领导下，武式太极拳在后续的发展中不断参加全国各地的太极拳交流活动，在社会上赢得了普遍赞誉。

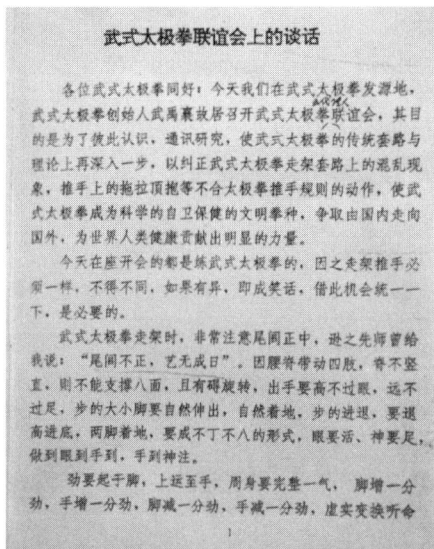

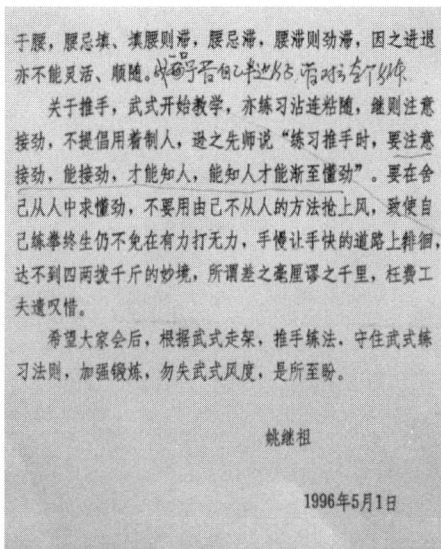

（a） （b）

图 2-11 姚继祖讲话铅印稿原件复印件

图 2-12 武式太极拳联谊会合影

注：前排右四为姚继祖。

1999 年，姚继祖的专著《武氏太极拳全书》（图 2-13）出版，再次丰富了武式太极拳的理论体系。而 1998 年春，研究会创会会长姚继祖先生逝世，会长职务由其大弟子金竟成接任。研究会继续坚持开展不定期研讨和交流，几位骨干人才不断被邀请外出讲学，多次参加全国各地的太极拳交流活动。第五代传人自此开山收徒，武式太极拳传承队伍进一步壮大。翟维传、钟振山等人先后出版了武式太极拳教学光盘，积极配合原国家体委武术研究院制定了《武式太极拳竞赛套路》，武式太极拳在全国得到广泛推广。

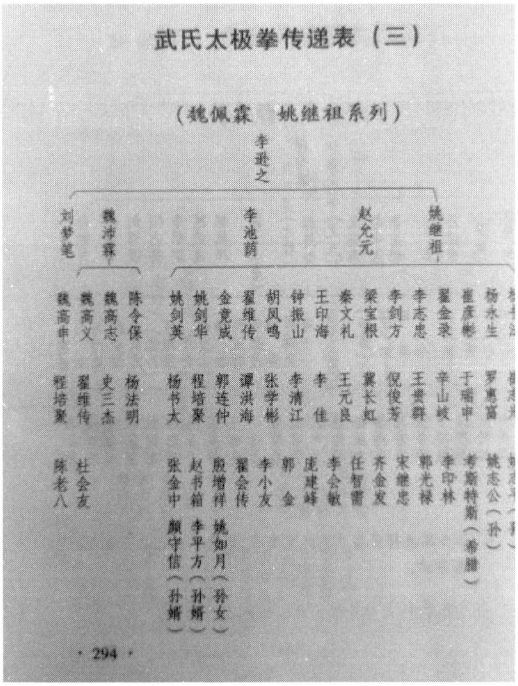

图 2-13 《武氏太极拳全书》里的内容节选

为了铭记武式太极拳先辈的丰功伟业，2003 年，魏佩林、姚继祖的部分弟子倡议修复李亦畬、李逊之二位宗师的墓冢，立碑纪念。在河北永年县人大、政府、文体局、文物保管所、小龙马乡政府、广府镇政府、北护驾村委会、广府西街居委会等单位以及个人的大力支持指导下，研究会认真谋划、积极筹资、精心施工，重修了武式太极拳第二代宗师李亦畬先生、第三代宗师李逊之先生的墓冢，墓地的初期工程——修复墓冢、立碑工作于 2007 年完成。李亦畬墓、李逊之墓被列为永年县文物保护单位，2007 年申报为邯郸市文物保护单位。其墓碑标志、照片及碑文如下（图 2-14～图 2-16），比较详细地记载了李氏父子研究传播武式太极拳的真实信息。

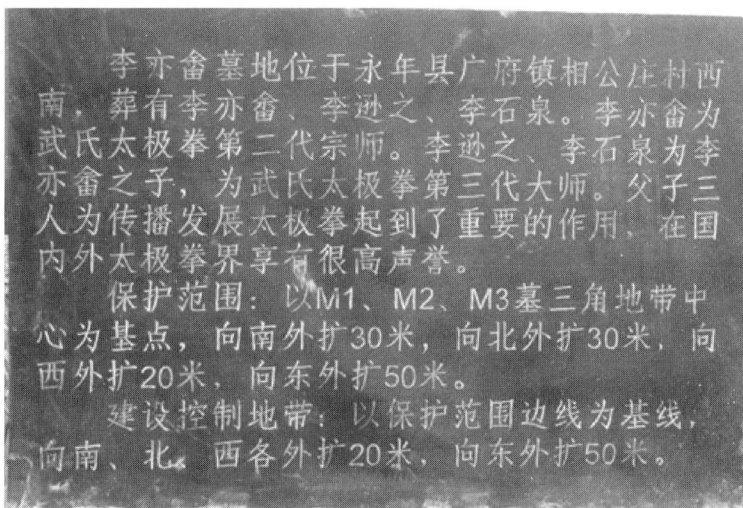

图 2-14　李亦畬墓地标志牌

图 2-15　李亦畬先生墓碑

图 2-16　李逊之先生墓碑

李公亦畬，名经纶，一八三二年生，一八九二年谢世，河北永年望族，广府西街人，武式太极拳宗师，太极文化集大成者，公生而聪颖，少有奇器，尤嗜读书，弘才大智，学问深醇，通诸子善诗文，精工小楷，弱冠補博士弟子员后执教，德才兼备，驰誉桑梓。公才高八斗而绝仕进意，专究太极，始受教于母舅武公禹襄，禹襄公神受气与，常与之切磋研讨，公身体力行，以毕生精力默识精研，苦心孤诣，神而明之，穷极，克臻化境，构形缜密，绝技独步一时，终成山门。太极拳递嬗至今，习之者风靡寰宇，公遂为世界之文化名人也。公探赜索隐，勤于笔耕，著《太极拳论》手录三本，一授弟，一传徒，一自存，世称老三本，旷世奇书，膏馥后人，近代治太极拳者皆奉为经典。当代武术家顾留馨先生称之曰：于拳理的钻研总结首推武李，较之王宗岳太极拳论有继承有发展，乃能自成一家。公曾参赞军机以巡检用不受，及归里，敦乡谊，事公益，后从外方人习种痘术施于民，广平太守长启，闻而善之，捐廉立局，延公及次弟曾纶主其事，利民于无穷也。公仁德齐家，善事庭闱，爱众亲仁，德布乡闾，拯民活婴，无以数计，乡人感恩戴德，啧啧在口。公恂恂有鸿儒风范，技术精纯，不自，入室弟子有郝和葛福来诸人。

公元二○○四年九月十九日 立

李公逊之，名宝让，亦畬府君之次子，1882 年生，1944 年辞世。公幼而锐敏，长而英奇，孝于家而睦于友，喜好读书，经史子集，诗赋词曲，无所不涉，尤精书法，酷爱太极拳术，幼承家教，禀赋非常。亦畬公之口授身指，皆能闻一而知十，善器械更精拳术，巧妙精微进乎技而行以神。亦畬公最钟爱之，遗著《太极拳论》自存本由公珍藏，他稿亦多存其手。数十年研习不辍，深得亦畬公拳技之神髓，时居族中之首，倍受世人推崇。公虽文能经世，武能鞠旅，然克承庭训，不矜其名，不伐其功，晦迹潜道，不求闻达。公自幼读书，光绪癸卯府立师范毕业后西关初小教员后受聘于北京学部图书局。

迫于家计归里任职于县法政学校永年高级小学，后任县劝学员、县财务局会计等。七七事变后，居家明志，开办新华印刷局，以习字授拳自娱。课徒时阐释理法，提纲挈领，能抉先人真谛；授人技击，置之于丈外而不觉其动，习者敬其德服其技。公培育学人不遗余力，实为武式太极拳承前启后者也。公著有《初学太极拳练法述要》《不丢不顶浅释》诸篇，此诚薪传之密旨，进道之梯航也。公入室弟子有赵蕴园、刘梦笔、魏佩林、姚继祖等四人，子池荫字泽塘亦善此术。

公元二〇〇四年九月十九日　立

2014年秋，第二任研究会会长金竟成因身体原因辞去会长职务。2015年4月，经研究会理事会选举，姚继祖的次孙姚志平为第三任会长，组成李旭藩、金竟成为荣誉会长，李剑方、任智需、翟维传、钟振山、王印海、魏高志、姚志公、王元良、李志忠、李建章、杨书法、杨书太、倪俊芳、郭连忠、翟会传、王贵群、李印林为顾问，崔志光、冀长宏、颜守信、李永章为常务副会长，李永章兼秘书长的第三届理事会。

第三届理事会成立后，每年在广府古城举行两次大规模的武式太极拳技理研讨、拳艺交流和理论培训活动，吸引了全国各地太极拳爱好者到永年学习交流和拜师学艺，会员队伍迅速壮大。传承人不断走出邯郸，南到广东、海南，北到吉林、辽宁，还有的走出国门，远赴澳大利亚以及欧美地区传授武式太极拳，将武式太极拳传向世界各地。他们在北京大学建立了武式太极拳研究基地，在邯郸学院成立了武式太极拳研究所，在深圳大学成立了武式太极拳研究会，增强了高学历人才对武式太极拳的了解和认识，培养了武式太极拳的后续人才，为进一步传承和推广武式太极拳打下了良好的理论研究基础。

为服务社会，研究会先后在北京、广东、天津、杭州、焦作、枣阳、石家庄等地设立分会或成立辅导站，现有注册会员616人，有国家、省、市、县（区）级非遗传承人37人，获得中国武术协会五段以上证书者52人，有8人获得硕士学位，有3人正在读博。为储备武式太极拳后备人才，增强青少年体质，研究会还多次在永年广府举办"少年太极拳夏令营"活动。2017 年 11 月，研究会在邯郸太极学院成功举办了"全国首届武式太极拳高峰论坛"，充分发挥了永年作为武式太极拳发源地的引领作用；同月，在广府古城举办了武式太极拳第四代宗师姚继祖百年诞辰大型纪念活动。2018 年，研究会积极协助国家相关部门申报"世界人类非物质文化遗产——太极拳"的有关工作。此外，研究会还在武禹襄故居练功场安放了武式太极拳第三代宗师李逊之，第四代宗师魏佩林、姚继祖的汉白玉雕像，为世界各地武式太极拳传承者提供了祭奠的新场所，清晰了武式太极拳的传承脉络。

为了更好地推广和普及武式太极拳，第五代传人开始著书立说。翟维传出版了《武式太极拳述真》《武式太极拳术》等著作，姚志公出版了《武式太极拳诠真》，冀长宏出版了《武式太极拳体用大全》《中国武式太极》，杨书太等出版了《传统武式太极拳》等著作。武式太极拳传人在各种武术刊物上发表的论文不胜枚举。

目前，太极拳已列入世界非物质文化遗产名录，武式太极拳作为其中的组成部分，受到了党和政府的高度重视与关注，已设有国家武术段位制考试科目和赛事竞技项目。据不完全统计，国内已有 20 多个省市、自治区有武式太极拳的传播者，美国、日本等近 20 个国家有武式太极拳的传播组织机构。

# 第三章

# 武式太极拳早期拳论

## 本章导读

　　武禹襄兄弟三人和外甥李亦畬、李启轩兄弟二人通过数十年的苦心习练与研究，建立了武式太极拳完备的理论与实战技击体系。特别是武式太极拳第二代宗师李亦畬，效仿母舅武禹襄，常常招来乡勇检验太极技艺，"每得一招窍要，就书出帖于座右"，反复推敲，实践验证；后把王宗岳、武禹襄与自己习拳的理论精华总结集结成集，抄写3本，一本自存，一本赠胞弟，一本赠门人郝为真，这就是被后人称为太极拳权威理论的"老三本"。"老三本"被后世太极拳习练者奉为经典，备受推崇。武式太极拳第四代传人姚继祖先生曾在其专著《武式太极拳全书》中说："王宗岳《太极拳论》的公开与传播也皆出自李亦畬的手抄本。"当代武术家顾留馨先生对武式太极拳的评价："近代太极拳的传播，以杨式祖孙三代对教材教法不断创新之力最多，而于拳理的钻研总结首推武、李，较之王宗岳《太极拳论》之抽象性概括远为具体切实，有继承、有发展，乃能自成一家。"[①]本章对武式太极拳早期所得王宗岳拳谱，武、李两家三代拳论进行了汇编整理，以便于读者更好地系统学习与阅读。

---

① 姚继祖. 武氏太极拳全书[M]. 太原：山西科学技术出版社，1999.

## 一、太极拳论之源——王宗岳《太极拳论》

王宗岳，出生年月不详，生平事迹众说纷纭，版本不一，没有确切的史料佐证。唐豪、顾留馨著《太极拳研究》中，关于王宗岳的生平简述如下："王宗岳，山西人……推测可能生于乾隆初年"，"从何人习得太极拳，以及所传何人，今已不可考"。后来诸多关于王宗岳生平的传本皆为推测和臆断，无实质性论据。王宗岳生平详细记载无从查考，关于其师承等具体内容，颇有争议。王宗岳的《太极拳论》，是武式太极拳创始人武禹襄于咸丰二年（1852）从其哥哥舞阳县知县武澄清处得来的。而武澄清是在舞阳县盐店发现的这本残抄拳谱，署名是"山右王宗岳"。该拳谱是迄今为止出现"太极拳"3个字连在一起的最早文献资料，堪称"太极拳论之源，内家拳谱经典"。太极拳大师于志钧评价说，《太极拳论》是太极拳的经典著作，有唯一性、空前性、绝后性、经典性和民族性。该拳论凝聚着中国传统多元文化的技击方略，一经武式传出，宛如太极拳习练者的"指路明灯"，成为太极拳习练者的纲领性文献。王宗岳关于太极拳论述主要有《太极拳释名》《十三势歌》《打手歌》《太极拳论》等。

### 1.《太极拳释名》

太极拳，一名"长拳"，一名"十三势"。长拳者，如长江大海，滔滔不绝也。十三势者，掤、捋、挤、按、采、挒、肘、靠、进、退、顾、盼、定也。掤、捋、挤、按，即坎、离、震、兑，四正方也；采、挒、肘、靠，即乾、坤、艮、巽，四斜角也。此八卦也。进步、退步、左顾、右盼、中定，即金、木、水、火、土也。此五行也。合而言之，曰"十三势"。

### 2.《十三势歌》

十三总势莫轻识，命意源头在腰隙。

变转虚实须留意，气遍身躯不稍痴。

静中触动动犹静，因敌变化是神奇。

势势存心揆用意，得来不觉费功夫。

刻刻留心在腰间，腹内松静气腾然。

尾闾正中神贯顶，满身轻利顶头悬。

仔细留心向推求，屈伸开合听自由。

入门引路须口授，工用无息法自（休）。

若言体用何为准？意气君来骨肉臣。

详推用意终何在？益寿延年不老春！

歌兮歌兮百四十，字字真切（义）无遗。

若不向此推求去，枉费工夫遗叹息。

### 3.《打手歌》

掤捋挤按须认真，上下相随人难进。

任他巨力来打我，牵动四两拨千斤。

引进落空合即出，粘连黏随不丢顶。

### 4.《太极拳论》

太极者，无极而生，阴阳之母也。动之则分，静之则合。无过不及，随屈（曲）就伸。人刚我柔谓之走，我顺人背谓之粘。动急则急应，动缓则缓随，虽变化万端，而理唯一贯。由著（着）熟而渐悟懂劲，由懂劲而阶及神明。然非用力之久，不能豁然贯通焉。虚领顶劲，气沉丹田，不偏不倚，忽隐忽现。左重则左虚，右重则右杳；仰之则弥高，俯之则弥深。进之则愈长，退之则愈促。一羽不能加，蝇虫不能落。人不知我，我独知人。英雄所向无敌，盖皆由此而及也。

斯技旁门甚多，虽势有区别，概不外壮欺弱，慢让快耳。有力打无力，手慢让手快，是皆先天自然之能，非关学力而有也。察四两拨千斤之句，显非力胜；观耄耋御众之形，快何能为。立如枰准，活似车轮。偏沉则随，双重则滞。每见数年纯功，不能运化者，率皆自为人制，双重之病未悟耳。欲避此病，须知阴阳。粘即是走，走即是粘。阳不离阴，阴不离阳。阴阳相济，方为懂劲。懂劲后，愈练愈精，默识揣摩，渐至从心所欲。本是舍己从人，多误舍近求远。所谓差之毫厘，谬之千里，学者不可不详辨焉。是为论。

## 二、武禹襄兄弟拳论

武禹襄兄弟三人，大哥武澄清官至河南舞阳县知县，二哥武汝清官至二品，曾任刑部奉天司主事、四川司员外郎，他们都研习太极拳，并遗存有具有代表性的拳论经典。本节先就掌握的资料给予汇编，以期读者能系统学习并从中得悟，指导自己的太极拳习练实践。

### （一）武式太极拳创始人——武禹襄拳论

武禹襄（图3-1）为世族儒生，不需以拳技授徒自给，颇为自珍，不轻以授人，故其拳式所传不广，只其外甥李亦畬得其真传。其拳论著作有《太极拳论解》《打手要言》《四字秘诀》《身法》等。

图3-1　武禹襄

#### 1.《太极拳论解》

（1）解曰：身虽动，心贵静，气须敛，神宜舒。心为令，气为旗，神为主帅，身为驱使。刻刻留意，方有所得。先在心，后在身，在身则不知手之舞之，足之蹈之。所谓一气呵成，舍己从人，引进落空，四两拨千斤也。须知一动无有不动，一静无有不静，视动犹静，视静犹动，内固精神，外示安逸，须要从人，不要由己，从人则活，由己则滞，尚气者无力，养气者纯刚。彼不动己不动，彼微动己先动，以己依人，务要知己，乃能随转随接；以己粘人，必须知人，乃能不后不先。精神能提得起，则无双重之虞；粘依能跟得灵，方见落空之妙。往复须分阴阳，进退须有转合。机由己发，力从人借，发劲须上下相随，乃一往无敌，立身须中正不偏，能八面支撑。静如山岳，动若江河。迈步如临渊，运劲如抽丝，蓄劲如张弓，发劲如放箭，行气如九曲珠，无微不到，运劲如百炼钢，何坚不摧，形如搏兔之鹘，神如捕鼠之猫，曲中求直，蓄而后发。收即是放，连而不断。极柔软，然后能极坚刚；能粘依，然后能灵活。气以直养而无害，劲以曲蓄而有余，渐至物来顺应，是亦知止能得矣。

（2）又曰：先在心，后在身，腹松，气敛入骨，神舒体静，刻刻存心。切记一动无有不动，一静无有不静。视静犹动，视动犹静。动牵往来气贴背，敛入脊骨，要静，内固精神，外示安逸，迈步如猫行，运劲如抽丝，全身意在蓄神，不在气，在气则滞，有气者无力，无气者纯刚，气如车轮，腰如车轴。

又曰：彼不动己不动，彼微动己先动，似松非松，将展未展，劲断意不断。

（3）又曰：每一动，惟手先着力，随即松开，犹须贯串。不外起承转合，始而意动，继而劲动，转接要一线串成。气宜鼓荡，神宜内敛。无使有缺陷处，无使有凸凹处，无使有断续处。其根在脚，发于腿，主宰于腰，形于手指。由脚而腿而腰，总须完整一气，向前退后，乃得机得势。有不得机势处，身便散乱，必至偏倚，其病必于腰腿求之。上下前后左右皆然。凡此皆是意，不是外面。有上即有下，有前即有后，有左即有右。如意要向上，即寓下意。若物将掀起，而加以挫之之力，斯其根自断，乃坏之速而无疑。虚实宜分清楚，一处自有一处虚实，处处总此一虚实。周身节节贯串，勿令丝毫间断。（图3-2）

图 3-2  武禹襄故居照壁背面的《太极拳论解》

### 2.《打手要言》

解曰：以心行气，务沉着，乃能收敛入骨，所谓命意源头在腰隙也。意气须换得灵，乃有圆活之趣，所谓变转虚实须留意也。立身中正安舒，支撑八面，行气如九曲珠，无微不到，所谓气遍身躯不稍痴也。发劲须沉着松静，专注一方，所谓静中触动动犹静也。往复须有折叠，进退须有转换，所谓因敌变化是神奇也。曲中求直，蓄而后发，所谓势势存心揆用意，刻刻留心在腰间也。精神提得起，则无迟重之虞，所谓腹内松静气腾然也。虚领顶劲，气沉丹田，不偏不倚，所谓尾闾正中神贯顶，满身轻利顶头悬也。以气运身，务顺遂，乃能便利从心，所谓屈伸开合听自由也。心为令，气为旗，神为主帅，身为驱使，所谓意气君来骨肉臣也。（图 3-3、图 3-4）

### 3.《四字秘诀》

敷：敷者，运气于己身，敷布彼劲之上，使不得动也。盖：盖者，以气盖彼来处也。对：对者，以气对彼来处，认定准头而去也。吞：吞者，以气全吞而入于化也。

此四字无形无声，非懂劲后，练到极精地位者，不能知，全是以气言，能直养其气而无害，始能施于四体，四体不言而喻矣。

图 3-3　武禹襄故居十三势名称墙

图 3-4　武禹襄故居十三势动作墙

### 4.《身法》

涵胸、拔背、裹裆、护肫、提顶、吊裆、腾挪、闪战。

## （二）武澄清拳论

武澄清，字霁宇，号秋瀛，武式太极拳创始人武禹襄的长兄，咸丰二年（1852）壬子科进士，授河南舞阳县知县。武澄清原习练家传武艺，后习练太极拳。《太极拳论》就是他在舞阳县为官时发现的，后送与武禹襄。在太极拳研究上，其传于后世的论述有《释原论》《打手论》。

### 1.《释原论》①

"动之则分，静之则合"，分为阴阳之分，合为阴阳之合，大致情况如此。分合皆为己而言。"人不知我，我独知人"，懂劲之谓也。揣摩日久自悉矣。"引进落空""四两拨千斤"合即拔也。此字能悟，真有凤慧者也。"左重""右重""仰之""俯之""进之"，是谓人也。"左虚""右杳""弥高""弥深""愈长"，是谓己，亦谓人也。虚、杳、高、深、长，人觉如此，我引使落空也。"退之则愈促"，乃人退我进，促迫无容身之地也。如悬崖勒马，非懂劲不能"走"也。此六句，上下、左右、前后之谓是矣。偏沉则随，双重则滞，是比活似车轮而言，乃己之谓也。一边沉则转，两边重则滞，不使双重，即不为制矣，是言己之病也。硬则如此，软则随，随着舍己从人，不致胶柱鼓瑟矣。

### 2.《打手论》

初学打手，先学搂、按、肘。此用搂，彼用肘；此用按，彼用搂；此用肘，彼用按……二人一样，手不离手，互相粘连，来往循环，周而复始，谓之"老三着"。以后，高势、低势，逐渐增多，周身上下，打着何处，何处接应，身随劲（己之劲）转。论内劲，不论外形，此打手摩炼之法。练的纯熟时，能引劲（人之劲）落空合（拔也）即出，则艺业成矣。然非懂劲（此劲兼言人已），不能知人劲怎样来，己之劲当怎样引。此中巧妙，必须心悟，不能口传。心知才能身知，身知胜于心知。徒心知尚不能适用，待到身知，方能懂劲。懂劲泃不易也。搂字诀：搂，牵也。又读 lou（拼音第三声），拽也，挽使伸也。

## （三）武汝清拳论

武汝清（1803—1887），字酌堂，武禹襄之胞兄，道光二十年（1840）庚子科进士，曾任刑部奉天司主事、四川司员外郎，授二品顶戴花翎。武汝清幼年习练家传武艺，又喜欢太极拳。他在京城为官时，时常习练。武汝清拳

---

① 郭福厚. 太极拳秘诀精注精译[M]. 北京：人民体育出版社，2015:15.

艺虽不及其兄，然对太极拳也有独到领悟与见解，唯其不以艺传人，遗作也少为人知。其拳论传世只有一篇，内容如下：

夫拳名太极者，阴阳、虚实也，阴阳明，然后知进退。进固是进，进中有退；退步仍是进，退中隐有进机。此中转关，在于身法，虚领顶劲，涵（含）胸拔背，则精神提得起，气沉丹田，而裹裆护肫，则周转便捷，肘宜曲，曲而能伸，则支撑得势；膝宜曲蓄，蓄而后发，则发劲有力。

至与人交手，手先着力，只听人劲，务要由人，不要由己，务要知人，不要使人知己，"知人"则上下、前后、左右自能引劲落空，则"人背我顺"。此中转关，在于松肩，主宰于腰，立根在脚，但听命于心。"一动无有不动，一静无有不静"，上下一气，即所谓"立如枰准，活似车轮""支撑八面""所向无敌"。人劲将来，未能发出，我即打去，谓之打闷劲。人劲已动，我早静待，着身便即打去，所谓打来劲。人劲已落空，将欲换劲，我随打去，此谓打回劲。由此体验，留心揣摩，自能从心所欲，阶及神明焉。①

## 三、李家拳论

### （一）李亦畬拳论

李亦畬（图3-5），武式太极拳第二代宗师，名经纶，字亦畬，是武式太极拳创始人武禹襄的外甥，出身于河北永年广平府望族书香门第，家学深厚，同治元年（1862）举人。兄弟四人，李亦畬排行老大，人称"李大先生"。咸丰癸丑（1853），李亦畬20余岁，开始与其弟承纶（启轩）跟舅父武禹襄习练太极拳，"心领神会者二十年，得其精妙"。他经过数十年的实践研究，每有习练心得便随时记之，并反复演练修正，直至精益求精。"李亦畬身材瘦

图3-5　李亦畬

① 郭福原. 太极拳秘诀精注精译[M]. 北京: 人民体育出版社, 2014: 78-79.

短，双目高度近视，然数十年纯功，拳艺精微巧妙，以虚灵为体、因循为用，打手发人备极分寸，全以意气之变化使当者腾空而出，心悦诚服。"①李亦畬嗜拳如命，太极拳技堪称达到炉火纯青的境界。传人郝为真常常对他的弟子们说："亦畬先生短小而弱，吾终不能敌，知此术之妙，不在禀质强弱也。"②但其不轻易收徒，传人仅有乡邻郝为真，邢台清河县葛福来，儿子李石泉、李逊之。

李亦畬把其一生太极拳技的经验积累，加之王宗岳《太极拳论》、武禹襄《太极拳论解》等合成《太极拳谱》，手抄 3 本，一本自存，一本交于胞弟启轩，一本授予门人郝为真，世称"老三本"。此《太极拳谱》被后世习练太极拳者奉为"传世经典"。其后人李福荫说："缘先伯祖精求是技，历四十年。辑本非一册，著述屡有删改。外间抄本，因时间之不同，自难一致耳。"其"亦畬珍藏"自存本，现完好无损地被李家后人收藏保存。其经典拳论如下。

### 1.《五字诀》

一曰心静：心不静则不专，一举手前后左右全无定向，故要心静。起初举动未能由己，要悉（息）心体认，随人所动，随屈就伸，不丢不顶，勿自伸缩。彼有力，我亦有力，我力在先；彼无力，我亦无力，我意仍在先，要刻刻留心，挨何处，心要用在何处，须向不丢不顶中讨消息。从此做去，一年半载，便能施于身。此全是用意，不是用劲，久之，则人为我制，我不为人制矣。

二曰身灵：身滞则进退不能自如，故要身灵。举手不可有呆像。彼之力方碍我皮毛，我之意已入彼骨里，两手支撑，一气贯穿。左重则左虚而右已去，右重则右虚而左已去。气如车轮，周身俱要相随，有不相随处，身便散乱，便不得力，其病于腰腿求之。先以心使身，从人不从己，后身能从心，由己仍是从人，由己则滞，从人则活，能从人手上便有分寸，称（秤）彼劲之大小，分厘不错；权彼来之长短毫发无差，前进后退处处恰合，功（工）弥久而技弥精矣。

---

①② 季培刚. 太极往事：晚清以来太极拳的传承系谱[M]. 北京：中国商业出版社，2011.

三曰气敛：气势散漫，便无含蓄，身易散乱，务使气敛入脊骨，呼吸通灵，周身罔间。吸为合为蓄，呼为开为发，盖吸则自然提得起，亦拿得人起；呼则自然沉得下，亦放得人出，此是以意运气，非以力使气也。

四曰劲整：一身之劲，练成一家，分清虚实，发劲要有根源，劲起于脚跟，主于腰间，形于手指，发于脊背。又要提起全（付）精神，于彼劲将出未发之际，我劲已接入彼劲，恰好不后不先，如皮燃火，如泉涌出，前进后退无丝毫散乱，曲中求直，蓄而后发，方能随手奏效，此谓借力打人，四两拨千斤也。

五曰神聚：上四者具（俱）备，总归神聚，神聚则一气鼓铸，炼气归神，气势腾挪，精神贯注，开合有致，虚实清楚：左虚则右实，右虚则左实。虚非全然无力，气势要有腾挪；实非全然占煞，精神要贵贯注，紧要全在胸中腰间运化，不在外面。力从人借，气由脊发，胡能气由脊发？气向下沉，由两肩收于脊骨，注于腰间，此气之由上而下也，谓之合；由腰形于脊骨，布于两膊，施于手指，此气之由下而上也，谓之开。合便是收，开即是放，能懂得开合，便知阴阳，到此地位，工用一日，技精一日，渐至从心所欲，罔不如意矣。（图3-6）

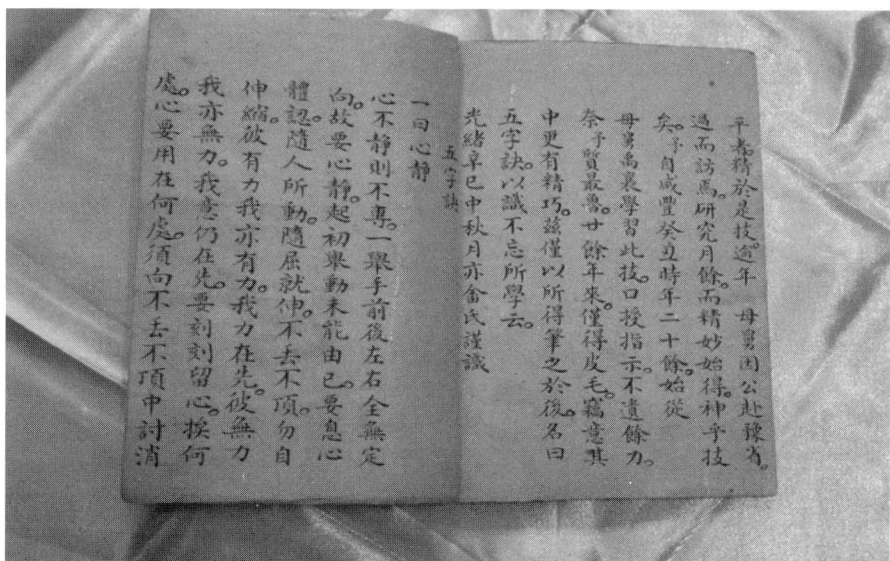

图3-6　"亦畬珍藏"自存本小序及五字诀部分内容

### 2.《撒放密诀》

擎引松放：擎起彼身借彼力（中有灵字），引到身前劲始蓄（中有敛字），松开我劲勿使屈（中有静字），放时腰脚认端的（中有整字）。擎、引、松、放四字，有四不能：脚手不随者不能，身法散乱者不能，一身不成一家者不能，精神不团聚者不能。欲臻此境，须避此病，不然，虽终身由之，究莫得其精！

### 3.《走架打手行工（功）要言》

昔人云，能引进落空，能四两拨千斤。不能引进落空，不能四两拨千斤。语甚概（该）括，初学未由领悟，予加数语以解之，俾有志斯技者，得所从入，庶日进有功矣。

欲要引进落空，四两拨千斤，先要知己知彼。欲要知己知彼，先要舍己从人。欲要舍己从人，先要得机得势。欲要得机得势，先要周身一家。欲要周身一家，先要一身无有缺陷。欲要一身无有缺陷，先要神气鼓荡。欲要神气鼓荡，先要提起精神，神不外散。欲要神不外散，先要神气收敛入骨。欲要神气收敛入骨，先要两股前节有力，两肩松开，气向下沉，劲起于脚根，变换在腿，含蓄在胸，运动在两肩，主宰在腰，上于两膊相系，下于两腿相随。劲由内换，收便是合，放即是开。静则俱静，静是合，合中寓开。动则俱动，动是开，开中寓合。触之旋转自如，无不得力，才能引进落空，四两拨千斤。

平日走架，是知己工（功）夫。一动势，先问自己周身合上数项不合，少有不合，即速改换。走架所以要慢，不要快。打手是知人工（功）夫。动静固是知人，仍是问己。自己安排得好，人一挨我，我不动彼丝毫，趁势而入，接定彼劲，彼自跌出。如自己有不得力处，便是双重未化，要于阴阳开合中求之。所谓知己知彼，百战百胜也。

胞弟启轩，尝以球譬之：如置球于平坦，人莫可攀跻。强临其上，向前用力，后跌；向后用力，前跌，譬喻甚明。细揣其理，非"舍己从人"，一身一家之证明乎！得此一譬，引进落空、四两拨千斤之理，可尽人而明矣。（图3-7）

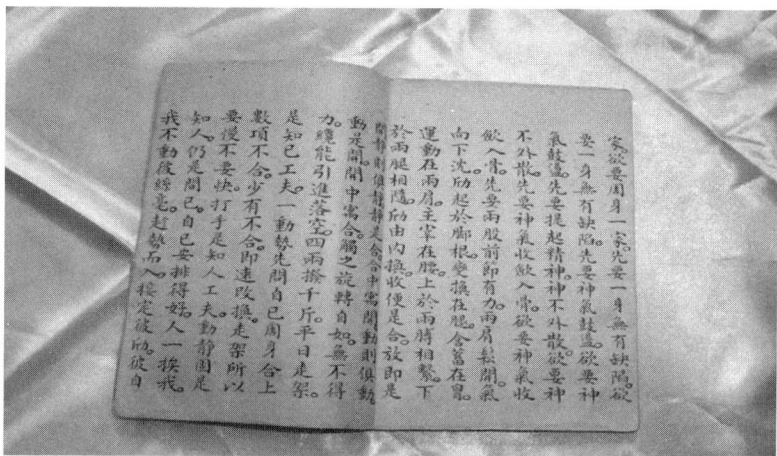

图 3-7　"亦畬珍藏"自存本《走架打手行工（功）要言》

### 4.《虚实开合图说》

实非全然占煞，实中有虚；虚非全然无力，虚中有实。下图，举人一身而言，虽是虚实之大概，究之一身，无一处无虚实，又离不开此虚实。总要联络不断，以意使气，以气运劲。非身子乱挪，手足乱换也。虚实即是开合，走架打手，着着留心，刻刻留意，越练越精，技弥神矣。（图 3-8）

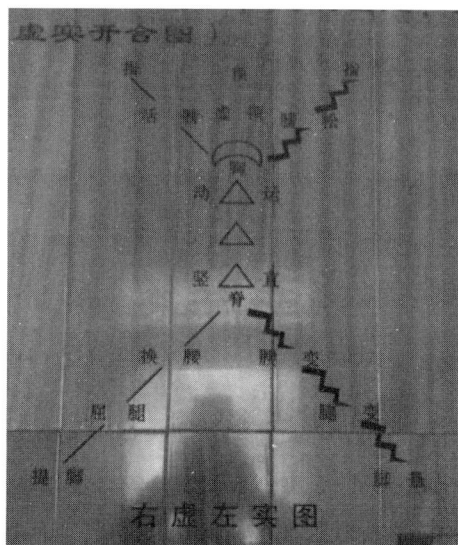

图 3-8　武禹襄故居的右虚左实图

**5.《十三势架》**

懒北衣，单鞭，提手上势，白鹅亮翅，搂膝拗步，手挥琵琶势，搂膝拗步，手挥琵琶势，上步搬拦垂（捶），六封四闭，抱虎推山，单鞭，肘底看垂（捶），倒撵猴，白鹅亮翅，搂膝拗步，三甬背，单鞭，云手，高探马，左右起脚，转身踢一脚，践步打垂（捶），翻身二起，披身，踢一脚，蹬一脚，上步搬拦垂（捶），六封四闭，抱虎推山，斜单鞭，野马分鬃，单鞭，玉女穿梭，单鞭，云手，高探马，十字摆连（莲），上步指裆垂（捶），单鞭，上步七星，下步跨虎，转脚摆连（莲），弯弓射虎。

**6.《刀法》**

里剪腕、外剪腕、挫腕、撩腕。

**7.《枪法》**

平刺心窝、斜刺膀尖、下刺脚面、上刺锁项。

**8.《打手撒放》**

掤（上平）、业（入声）、噫（上声）、咳（入声）、呼（上声）、吭、呵、哈。

**9.《打手歌》**

掤捋挤按须认真，上下相随人难进。

任他巨力来打我，牵动四两拨千斤。

引进落空合即出，粘连黏随不丢顶。

## （二）李承纶拳论

李承纶（1835—1899），字启轩，李亦畬的长弟，光绪元年（1875）恩科举人，青年时期与其兄李亦畬跟随母舅武禹襄习练太极拳，据载其传人有马静波、李献南、李宝桓、葛顺成等。其拳论流传下来的为数不多，主要如下。

**1.《敷字诀解》**

敷，所谓一言以蔽之也。有人不习此技，而获闻此诀者，无心而白于余。始而不解，及详味之，乃知。敷者，包括周匝，人不知我，我独知人，气虽尚在自己骨里，而意恰在彼皮里膜外之间，所谓"气未到而意已吞也"。妙绝，妙绝！①

### 2.《太极拳走架白话歌》

提顶吊裆心中悬，松肩沉肘气丹田；

裹裆护肫须下势，涵（含）胸拔背落自然；

初势左右懒扎衣，双手推出拉单鞭；

提手上势望空看，白鹅亮翅飞上天；

搂膝拗步往前打，手挥琵琶躲旁边；

搂膝拗步重下势，手挥琵琶又一番；

上步先打迎面掌，搬拦捶儿打胸前；

如封似闭往前按，抽身抱虎去推山；

回身拉成单鞭势，肘底看捶打腰间；

倒撵猴儿重四下，白鹅亮翅到云端；

搂膝拗步须下势，收身琵琶在胸前；

按式翻身三甬背，扭项回首拉单鞭；

云手三下高探马，左右起脚谁敢拦；

转身一脚栽捶打，翻身二起踢破天；

披身退步伏虎式，踢脚转身紧相连；

蹬脚上步搬拦捶，如封似闭手向前；

抱虎推山重下势，回头再拉斜单鞭；

野马分鬃往前进，懒扎衣服果然鲜；

回身又把单鞭拉，玉女穿梭四角全；

更拉单鞭真巧妙，云手下势探清泉；

更鸡独立分左右，倒撵猴儿又一番；

白鹅亮翅把身长，搂膝前手在下边；

挥手按式龙出水，通背三下拉单鞭；

---

① 郭福厚. 太极拳秘诀精注精译[M]. 北京：人民体育出版社，2014：105.

云手高探对心掌，十字摆莲往后翻；

指裆捶儿往下打，懒扎衣服紧相连；

再拉单鞭重下势，上步就是七星拳；

收身退步拉跨虎，转身去打双摆莲；

海底捞月须下势，弯弓射虎项朝前；

怀抱双锤谁敢进，走遍天下无人拦；

歌兮歌兮六十句，不遇知己莫轻传。①

## （三）李逊之拳论

李逊之（图3-9），武式太极拳第三代宗师，名宝让，字逊之，李亦畬次子。李逊之可谓秉承家传，武式太极拳承前启后的一代宗师。李逊之嗜文喜武，父亲李亦畬言传身教，举手投足皆规行矩步，年稍长则能心领神会，举一反三。亦畬公去世后，又得益于叔父启轩公的指点教诲，常与堂兄李宝相等研磨体认。多年的身体力行刻苦研究，深得李亦畬拳技精髓。他和其父的弟子郝为真在1915年任县立高等小学校庶务员时，同住一室，常在一起推手切磋，谈拳论道。李逊之传承家传太极，谨遵祖训，不轻易收徒，无奈迫于友情，在挚友赵俊臣再三恳请下，仅收其子赵蕴园及

图3-9　李逊之

刘梦笔、魏佩林、姚继祖四人。李逊之对武式太极拳的传播，起到了承前启后的作用，其拳论主要有《初学太极拳练法述要》《武式打手法》《不丢不顶浅识》《势架辩》等。

### 1.《初学太极拳练法述要》

始涉走架行工（功）之术，首当以诸款身法律之，身法诀度，势势旨要，均有钜矱。可预择母势往复体认，缓慢以悟精准，进而逐势度规依法，精心揣摩之。勿顾此失彼，忌遣用拙力。务必两足成不丁不八之式，步幅以自然

---

① 姚志公，郭振兴. 武氏太极拳诠真[M]. 吉林：吉林大学出版社，2017：212-213.

伸落为度，出手以高不过眼远不出足为限。目的神领，目达手至，目随手运。意驱足移，劲起于脚，上运至手，虚实听命于腰。腰为枢纽，腰脊连联，上系肩臂，下接胯腿。腰活如车轴，脊竖如秤准。腰不活，身僵劲滞，脊不竖，技无成日。

次谋势架顺遂轻灵，脚手相随，周身一家焉。夫何以周身一家？始基乃外、内三合耳。外三合者，手足、肘膝、肩胯是也。内三合者，神意、意气、气力三合之谓也。外、内三合相辅相成，不可偏废。累积至此，能入神气鼓荡、阴阳相济、内外浑一之境，则周身一家得矣。

倘至臻于斯，复求不丢不顶，引进落空，四两拨千斤打手之法，则易如反掌焉。

### 2.《武式打手法》

两人对立，作双搭手（左手咬腕，右手扶肘；或右手咬腕，左手扶肘），搭手之足（左手搭手则左足，右手搭手即右足）在前，一进一退（进者先进前足，退者先退后足），至末步（第三步），退者收前足成虚步，进者跟后足成跟步。换手时，搭腕之手不动，扶肘之手由上而换。如此进退搭换，循环不已。练发劲时，一般皆在应退步而不退时作准备。练熟后，前进、后退，都可化发。进用按挤，退用掤捋。

### 3.《不丢不顶浅识》

彼有力我亦有力，何能不支撑，言不顶人之劲头，以挫力去之也。彼无力我亦无力，何云不丢，言以跟劲去之也。

### 4.《势架辩》

拳之势架，典范也。势者，攻守之成规也。架者，演习之程序也。拳有定势，势有成法。势架之要，身法为本。身法合程，势法谙熟，方术可进。须知走架既是打手，无人似有人，打手查验走架，有人似无人。交手时势法可定可变，宜守好中土随机变化之。虽不拘成法，屡生变化，仍势势不离其宗。势法固存，方可渐入妙境，习者当明识之。

# 第四章

# 武式太极拳第四代主要传承人

## 本章导读

　　根据武式太极拳传承表等相关历史资料，武式太极拳从第二代开始，李家后人在秉承"不以授拳为业"、太极拳只在家族中传承的家训的同时，迫于时局、友情等多方面原因，开始小范围内授徒外传，太极拳走出李氏家族的大院，开始流向社会。从李家武式太极拳传承谱系中可以看到，李亦畲除传子李宝廉和李逊之外，还外传于门人郝为真、葛福来等。其高徒郝为真传拳于儿子郝月如等至亲，在北京生病时得到同乡孙禄堂的悉心照料，出于感激，又把武式太极拳传于孙禄堂，孙禄堂后来结合自己深厚的武学根底创孙式太极拳；郝为真另传邢台李宝玉、永年韩钦贤等人。李亦畲的弟弟李启轩除传拳于后人李宝琛、李宝恒外，外传有马静波、葛顺成等。李亦畲的儿子李逊之在好友赵俊臣的劝说下，开门授徒，赵蕴圆、刘梦笔、魏佩林、姚继祖成为武式太极拳第四代传人。武式太极拳从第三代传人开始走出李家大院，但真正意义上的大面积的对外传播是从第四代传人逐渐铺开的。本章鉴于资料收集所限，仅从李逊之、郝为真两支传承谱系中选出以下几位，以期读者从中窥见武式太极拳发展的主要脉络。

## 一、慎守家学通拳理，大隐于市真高人——李池荫

李池荫（图4-1），字泽塘，河北省永年县广府西大街人，李亦畲之孙，李逊之之子，武式太极拳第四代传人之一。李池荫幼承家教，不满7岁就随父亲李逊之习练太极拳及刀剑，稍长学太极打手。经多年研习，其行拳走架与打手劲法颇具其祖、其父神韵。1939年，李池荫进入永年城完小（完全小学）读书学习，因其承家传太极拳架纯正、劈刀凌厉，入选永年完小国术队，常被教习指派，为国术队做示范、领练。1951

图4-1　李池荫

年，他从永年师范学校毕业后从事教育工作，教书育人；教学之余，不忘家传，练拳不辍，常秉烛夜读自藏祖传的"老三本"——《太极拳谱》亦畲珍藏本，默识揣摩拳理要义，追忆先父言传身教，探索拳理拳法奥秘，并形成自己的独特风格。其太极拳动作轻灵沉着，刚柔相济。

李池荫为人谦和，处事低调，身怀祖上秘传但从不张扬，谨遵先祖遗训——"宜珍而重之，切勿轻易与人"，仅以练拳健体自娱，不以拳术与外界接触，其精妙拳技鲜为人知；与家人则言传身教，不遗余力，常观儿子与外甥练拳，并详加指导，些许点拨便能使他们开悟，功夫进长。1982年，由于"四字不传秘诀"的祛疑，太极拳名家顾留馨亲到广府拜访李池荫，了解太极拳秘闻轶事，精妙拳技。改革开放后，太极拳又得以兴起，李逊之的弟子姚继祖、友人夏永澄、族侄李锦藩等常来与之谈拳论道。李池荫常以身示范，释疑解窦，并交手指示，言必据实而述，讲必兼论心得，语则引经据典，阐述则详明精到。

李池荫一生恪守家训，淡泊名利，不喜炫耀，勤于笔耕，著有《粘随化发》《抽丝缠丝释》等拳论，承其传者有其子李旭藩、李昶藩、李永藩（永

章），外甥杨书法、杨书太等。其流传于世的代表性拳论如下。[①]

## （一）《粘随化发》

练习打手，可循粘随化发之法。

粘：与人搭手，便要接定来劲。接即粘定、粘连，不离不弃。能粘方能查对方来力之方向大小，以便灵活变转。不沾则不能知人，不知人便无所适从，知人方可随心所欲。

随：随人所动，不丢不顶也。周身松静，舍己从人，不自妄动，不用拙力，跟依随连，急缓随应，不使对方知我，我独知人。知人从人，方可随机变换。丢顶不随，则为人制。

化：人力来，我知人知己，则依其力之动向，松沉转变，阴阳相济，走化其力。左旋右转、虚实转换，使之随我而动，劲力落空，不能自主，不能得力。能走化则能人背我顺，发放自如。不能走化便不能得机得势，四两拨千斤。

发：即放，去人也。我气贯周身，以意接彼，得机得势，乘其劲欲发未发之际，乘势借力，后发先至。此中务须周身一家，脚手相随，立定脚跟，掤起彼力，整劲发放。太极拳讲究制人而不伤人。故发人需权衡彼力以把握己劲，适可而止，以德服人。

粘随化发，解析如此，实则一气贯穿、一气呵成。练习揣摩日久，则能技长艺进矣。

## （二）《抽丝缠丝释》

抽丝是谓以意领劲，其劲沉稳谨匀，连绵不断，神气一线贯穿，比拟茧中抽丝。缠丝是谓内气潜转，虚实变换，劲力如旋，喻为柔丝绕缠。抽丝、缠丝均为意念劲力之比喻。

## （三）《武式太极拳"一扇门"理论》

武式太极拳的"核心"劲法，就好比"一扇门"的开与关，这扇门由门

---

① 张得保. 传统武式太极拳[M]. 北京：北京体育大学出版社，2021：157.

扇、门轴组成，对应人体来说，武式太极拳的"门"，由两肩、两髋到两脚组成。行拳走架与推手时，轴心脚一边从肩到脚为门轴，虚的一边就成为门扇。盘架子时身法需要中规中矩，这扇"门"才能立起来，立起来了旋转才灵活，开和关才应用自如。与人接手一开一合都是走弧线。知开门关门才知武式太极劲法之精髓。

## （四）《五行步法解》

腰往前脚上合，为进；腰往后脚上合，为退；腰左转与前脚上合，为顾；腰右转与后脚合，为盼；上领下沉，身备五弓为中定。

## （五）《懒扎衣解》

懒扎衣为武式太极拳的母式，八种手法变化皆藏于其中：向上向外撑起为掤，身体左右转动为捋，向下为按，向前为挤。採是右手向下沉，挒是右手向里转（向心力），左手合谷穴找肩井穴为肘，靠是肩与胯上下相照，向前转为前靠，向后转为后靠。

## （六）《推手劲法解》

1. 听劲。与人打手，在与对方手臂或肘的接触部位上，通过手的触觉敏锐感知对方来力与否或来力的方向为听劲。

2. 问劲。在推手不了解对方虚实的情况下，用手轻按对方，感知对方接触点的变化叫问劲。问劲时，手由轻而重，或由重而轻，虚实结合，顺势而发。

3. 喂劲。喂劲就是给劲的意思，两人推手练习以熟练某种劲法或师父教弟子时用之。喂劲时劲力较重，劲路较长，线路单一，以便对方练习化发。推手时也有人用虚的"喂劲"方式来"问劲"，投石问路，引蛇出洞，然后得机得势，发放对手。

4. 发劲。凡是化劲后面的劲都为发劲。发劲有长短之分。推手时，先化后发，化劲走圆，发劲走直。若左脚在后，右脚右手在前，前后腿胯都要凹进，然后松腰坐胯弓膝，由脚而腿而腰，行于手指，开掌前推，劲即发出。

## （七）《推手歌诀》

1. 太极拳推手中的高、深、长、促、虚、实解。仰之弥高神上找，俯之弥深精力寻。进之愈长气贯掌，退之愈促意命门。左重左虚切线抛，右重右杳半径跟。此为太极六方劲，言传身授方知真。

2. 打手要诀。提顶吊裆竖中轴，腰胯松沉内外柔。意在脚下周身整，化劲点上行圆球。粘连粘随咬彼劲，动手发放讲火候。上下左右走弧线，开门关门随腰走。

## （八）《心法精气神之解》

武式太极阴阳分，三才四象在我身。会阴命门百会穴，气贴于背功法真。敛气收腹存丹田，蓄劲必须收会阴。聚神妙在印堂处，三田贯通精气神。

## 二、李逊之弟子中的佼佼者——魏佩林

图4-2　魏佩林

魏佩林（图4-2），河北省永年县广府东街人，兄弟四人，排行第三，两个哥哥儿时因病早逝，其也少年体弱，其父让其练拳习武，强身健体，早年曾习练多种拳术。1933年，经赵俊臣先生（赵蕴园之父）介绍，与刘梦笔、赵蕴园、姚继祖一起拜武式太极拳李亦畲之子、近代太极拳名家李逊之为师，研习传统武式太极拳。

魏佩林在师父的严格要求和精心指导下，练拳非常刻苦，拳架套路每天练习数十遍，太极大杆几乎天天粘、缠、抖，常常深夜才从师父家学拳回来，之后仍在自家院内再练一段时间，一招一式反复琢磨，务求精湛。就是在生活最

困难的时期，魏佩林也坚持每晚练拳，功夫豁然贯通后仍然如此，数十年如一日。

魏佩林一生没有从事过其他工作，仅钻研太极拳，把练习太极拳视为己任，把传承太极功夫视为夙愿，把自己的毕生精力全部用在了拳艺上，因此，他深得武式太极拳精髓。

1959年，邯郸、邢台武术比赛，魏佩林被聘为副总裁判长，同年被国家体委聘为太极拳教练，准备次年赴京就任，不幸于1961年初英年早逝。

据传，魏佩林生前身怀太极拳六大绝技：（1）臂上困鹰，极精微卸劲的随动功夫；（2）指震雄牛，无坚不摧的深厚内力功夫；（3）与人推手似"拍皮球"，无立锥之地的填空入骨功夫；（4）出手扔人放人如触电的惊弹功夫；（5）搭手制人，拿人不能动的阴阳平衡功夫；（6）隔肉振骨，隔肌伤内的透内功夫。

魏佩林一生研习和传播武式太极拳，常往返于邯郸、邢台、峰峰、鸡泽等地传艺，在永年县刘营、刘宋寨、马军营一带长期义务授拳。结合教拳实际，改进教学方法，针对学员在推手中劲路单一、顾此失彼的情况，创编"浑圆活步推手法""太极拳身法尺度""发劲准头法""身体相应法""内劲阴阳互变法""见劲找劲法"等。

魏佩林亲传弟子除儿子魏高申、魏高义、魏高志外，还有陈令保、陈老八、杨发明、刘秋发、史三杰、杜会友、程培聚、翟维传、甄富、石保庆、刘景的等。目前，魏佩林没有拳术要诀公之于世。

## 三、"全国太极拳十三名家"的"北方枭雄"——姚继祖

姚继祖（图4-3），河北省永年县广府人，李逊之入室弟子，武式太极拳第四代传人，全国太极拳十三名家之一。其自幼随祖父习练太极拳术，曾在永

图4-3 姚继祖

年国术馆跟随当时的太极名人韩钦贤等修习太极拳推手和器械套路，后拜师于太极泰斗李亦畬之子李逊之先生，自此秉承师训，苦练不辍，深得太极之精髓。20世纪60年代初，姚继祖就不断在一些武术杂志上发表文章，阐述自己对太极拳的见解。1981年，全日本太极拳协会访华团慕名来邯郸，姚继祖在政府安排下与日本友人切磋交流，谈术论技，其精湛的技艺与渊博的学识使日本友人佩服之至。代表团团长、日本东京太极学院院长、全日本太极拳协会指导委员长三浦英夫先生在日本《太极》杂志上极力推崇姚继祖的精湛拳技，并与之成为挚友。1984年，姚继祖应邀参加在武汉举行的武汉国际太极拳（剑）表演观摩会（图4-4），并在大会上进行了表演、讲学和辅导，被评为全国太极拳十三名家之一。当时诸家报纸以"北方枭雄姚继祖"等为题发表文章，赞誉姚继祖的太极拳技。1994年，姚继祖又经温县国际太极拳年会审定为全国十三名太极大师之一。

图4-4 邀请姚继祖参会的邀请书

姚继祖不但拳技精湛，而且太极理论造诣颇深，是第四代传人中对武式太极拳理论研究著作最多的一位太极拳理论家，著有《武式太极拳全书》，并有多篇心得体会与练功歌诀传于后人。他总结出的"打'来劲'用'截'或'牵'，打'回劲'用随，打'停劲'用串，打'出劲'用搓，打'闷劲'用捂"等一系列接劲打劲的方法，是其多年太极拳实践经验的经典总结。

姚继祖为人师表，武德高尚，20世纪八九十年代，先后任河北省第五届、第六届政协委员，并于1992年创办了永年县武式太极拳研究会，为武式太极拳技击技术的精化与发展做出了很大的贡献。

1998年4月15日，姚继祖逝世，享年81岁，后人把他安葬在出广府城正阳门东五里的一块墓地。姚继祖先生堪称文武兼修、德艺双馨的太极拳宗师。

姚继祖一生致力于武式太极拳的习练与传授，对武式太极拳技法、功法有精准把握，对拳理感悟卓见迭出，从以下的歌诀、拳论中清晰可睹。

## （一）《太极拳歌诀》①

### 1.《武式太极拳歌诀》

武当太极称内家，卫身保健世所夸；腰脊为主带四体，脚趾五行运八卦；神领意导气流行，上下内外汇洪蒙；手脚肘膝肩胯合，粘连黏随永为宗。

### 2.《尾闾中正歌诀》

顺步出掌肘合膝，拗步出掌手合足，磨腰抽胯肩胯合，尾闾自然不偏倚。

### 3.《太极拳行功歌》

脚占七分手三分，上下相随切记真；八卦变化源五行，主宰腰隙时留心；神意导气注丹田，抽贯周身劲隐现；尾闾正中通上下，满身轻利顶头悬。

### 4.《"脚手随"歌》

手起脚不起，上步防采持。脚起手不起，前进怕捆挤。进退脚手随，遇险可化夷。发劲整且疾，推手日精奇。

---

① 姚继祖. 武氏太极拳全书[M]. 山西：山西科学技术出版社，1999：237-265.

5.《"擎引松放"歌》

擎引松放紧相连，擎放衔接成一环。练到环形无迹处，四字俱在一触间。

（第二句或云：粘连走发成一环）

6.《"推手打劲"歌》

彼劲欲回跟踪逼，僵停宜串寻根来，力来我接并中截，搓其劲头宜沉急。周身一家脚手随，挨定彼身捂彼力。

7.《赠武慕姚》

1966年10月，得与舍亲禹襄曾孙武福鼎（字慕姚）会于故里，谈及太极拳，彼颇以未习为憾，余因写"太极拳要诀"数语及一对联相赠：

（1）太极运动，中外流行，动作安详，神意奔腾。气沉丹田，顶劲虚领，不偏不倚，尾闾中正。上下相随，虚实分清，进退旋转，腰为司令。劲起于脚，运行周身，结合呼吸，渐现渐隐。周身骨节，肌肉百络，一动俱动，方为得法。寄语同好，慎守此诀，却病延年，献身祖国。

（2）对联：神意导气行百络，腰腿换劲应万端。

8.《咏"周身一家"》

神意导气运周身，肢体随气共转运；腰脊中枢领全体，上下相随就屈伸。

9.《打手歌》

身法：虚领顶劲竖起脊，气沉丹田立定根，手脚相随腰腿整，腰脊为主领全身。步法一：退步要高进要低，脚踩五行随人移，任彼冲撞与袭击，随机应变整且疾。步法二：推手步法不只一，常用五种随势易，常步如常有转换，变步下变上不变，续步暗进人不晓，践步急进将人赶，碟步猛退身站定，或攻或守当机断。

听劲：接定彼劲静心听，随人进退与纵横，微感松沉袭将至，聚神伺彼力初萌。

时间：不先不后静中求，八面支撑时绸缪，彼力如泉刚出地，我劲似风推彼头。打法一：远柔近刚分缓急，虚实前后定横直，欲彼前跌下翻上，欲彼后跌上翻下。打法二：彼实在前当直取，彼实在后宜横击，彼若无力应缓送，彼若有力可猛袭。欲彼后跌上翻下，欲彼前跌下翻上，彼距我远用拥迫，彼距我近宜用撞。

运劲：运气收放依抽贯，发劲刚柔靠隐现，八卦变化源五行，随着就势任君便。

心法：天长地久任悠悠，彼既无心我亦休，俟彼来力为借力，莫谓无力难展筹。

击狡：彼身不整力且柔，欲想进击不须愁，擎起彼劲身自整，制彼仍以劲上求。

## （二）太极拳拳理、技法、功法诠释

### 1. 永年人称太极拳为"粘拳"或"绵拳"的原因

永年及永年周围邻县一代，都称太极拳为"粘拳"或"绵拳"。直到永年国术馆成立后，才逐渐改称太极拳。当时呼作"粘拳"或"绵拳"的原因有三：一是从外表上说的；二是从感受上说的；三是从习者行功用劲上说的。

从外表上人们给它命此名的原因是：太极拳走架行功时，内固精神，外示安逸，四肢运动，望去恰似弱柳迎风，绵软无力，故管它叫"绵拳"。再则，武、李、郝老先生教人推手时，首先令人练习接劲、听劲、拿劲，不轻于发人。因此在示范时，一搭手即使人进退不得，望去好像把人粘住一样，故管它叫"粘拳"。

从感受上人们给它命此名的原因是：永年太极拳在练习推手时或与人比较时，粘连黏随，不丢不顶，使人感到伸手前来如击棉絮，绵软无力，故管它叫"绵拳"；推手时或比手时，退不想走，不能走开，接触点像粘连在一起一样，因此又管它叫"粘拳"。

从用劲上人们给它命此名的原因是：练太极拳，不重撞劲、绷劲、抖劲、攻劲，以其均有缺点；特尚粘劲，以其能伸缩，展拓变化，缺点较少，因此管它叫"粘拳"，意在尚粘劲之拳也。

### 2. 释"脚手随"

脚手随，即手与脚相随，亦即上下相随也。其运用有内外之别：（1）从外形上说，手脚的进退要相随，上下要相照，远近要相齐。（2）从内劲上说，左手之开，其劲源在右脚跟，而与下面左脚的腾挪力量相随相合（右手与此相反）。总之，不管是双手还是单手，其进退要与脚的进退相随，其远近前手不能出前脚，其发力要同时。

### 3. 释"五行"

太极拳下踩五行，上打八卦，合之而为十三势。"五行"即金木水火土，喻东西南北中，即习者的前后左右中，拳论中术语叫进退顾盼定。太极拳运动的重点，乃下踩五行，上打八卦，以腰为主，带动全身而动，今先说明腰怎样带动下肢形成五行。腰由后腿挪到前腿上为进，由前腿挪到后腿上为退，在两腿正中为定，左旋，右转，即左顾右盼。

### 4. 释"一身备五弓"

两臂，两腿，脊椎，形成五弓；肩沉，肘垂，挫腕，则两臂形成两弓；两腿的伸缩形成两弓；裹裆、护肫而拔背涵（含）胸则脊椎形成一弓。

### 5. "引进落空合即出"中的"合"字释义

"合"字的解释不一，兹分记之，以备研究。（1）武秋瀛云："合即拔也"。（2）有人谓："合乃以我之身合彼之身也。"（3）以我之力接彼之力也。（4）乃虚实合归无极也，即以周身一家的合劲发人也。（5）说文字义"会也""战也"。（6）逊之先师云："一走一回即合。"试之与发字无异。

### 6. 释"起承转合"

武禹襄拳解中云："起承转合。"李亦畬拳论中云："起承开合。"转乃转变也，开乃无极生太极、阴阳分开也，亦即变也。起：起始也。我先准备也。逊之先生云："未搭手前，我应该在十字路口，站成八面支撑之势，以便随机应变。"承：承接也。与人相接也。以我之劲与对方之劲相接触也。转：转变也。阴阳分开而变也。所谓动之则分也。人亦接我，我察人力之动向，边走对方之劲，边将自己之阴阳虚实分开，并转变好，使人落空。合：阴阳合也，战也。阴阳一合（阴阳相济）即结合成一种发人力量，故打手歌云："引进落空合即出"也。或云打手二人合也，战也亦可。

### 7. "粘连黏随"解

"粘连黏随"在用法上与口头说法上是"粘连""黏随"。意思是和对方接触后使用不丢不顶、舍己从人诸拳法使推手二人接触点粘黏在一起，连随不分离。有些人喜欢从字义上钻研，将此四字分开，各表一意，实际上是无关紧要的。粘：我顺人背谓之粘。我劲在彼劲之上时用之。黏：劲断意不断谓之黏。我劲在彼劲之下时用之。连：不顶谓之连。我劲在彼劲之前时用之。随：不丢谓之随。我劲在彼劲之后时用之。

### 8. 释王宗岳《太极拳论》中"人不知我，我独知人"

太极拳练到功夫高深时，发人时上肢除接劲、听劲外是不动的。发人全在腰腿。推手时，上肢虽与人接，因我上肢不动，人无从知我欲怎样，故云："人不知我。"因我上肢与对方接触，对方想击我而先动其上肢，我因之能知道人劲将要怎样运动，故云："我独知人。"

### 9. 释王宗岳《太极拳论》中的"舍己从人"

"舍己从人"是人劲怎样运动，我即随着人的动向而运动。简单地说，就是舍了自己的意图，去顺从别人的意图而运动，顺从别人的动向，而确定自己的进攻计划。

### 10. 释李亦畬《五字诀》中的"从人仍是由己"

"从人仍是由己"乃我在对方运动未展开前，已测知对方意欲怎样，在人运动未展开前或展开时，我即顺从对方的意向、制对方于背境；或在我八面支撑，周身无有缺陷的基础上，随人动向，置人于背境，这样就形成了外似由己，实乃从人的所谓"从人仍是由己"了。功夫不到一定程度，想做到"从人仍是由己"是困难的。

### 11. 释"随屈就伸"

（1）"随屈就伸"是说人向我进，我随之屈，紧跟着我就以伸反击之。逊之先生说：人力来，我以力化之，人力即化，我就逆化人之力向，反击之。

（2）"随屈就伸"是说我随人而屈后，就使伸开也。如人来甚刚，我边用曲蓄化其刚猛之力（曲蓄在上下肢），边使自己成为舒展的得机得势之势，即去之也。这样做，使"人刚我柔谓之走"时就给"我顺人背谓之粘"准备好了一切条件。随屈：是我随对方之势，与对方接触有关部位变弯曲也。就伸：乃我肢体的弯部，用我的虚实变换使自己成为顺势，使我的屈处能自然伸开。

随屈就伸的"就"字，须作动词解。

### 12. 释"阴阳相济"

释一：王宗岳《太极拳论》首段内云："人刚我柔谓之走，我顺人背谓之粘"；末段内云："粘即是走，走即是粘。阴不离阳，阳不离阴。阴阳相济，方为懂劲。"为了进一步说明"阴阳相济"，吾谓：粘不离走，走不离粘，阴不离阳，阳不离阴，"粘走相济"即"阴阳相济"也。

释二：所谓阴阳相济，在手则要开合相济，务使开中寓合，合中寓开；在脚则要虚实相济，务使虚中有实，实中有虚；在腰腿则要进退相济，进固是进，进中要留退步，退固是退，退中要有进机；在劲则要刚柔相济，顺随固是柔劲，但两膊支撑而不塌，是谓柔中寓刚，发放固是刚劲，但两手搓摩而不顶，是谓刚中寓柔。

### 13. 释"刚柔相济"

王宗岳《太极拳论》中云："粘即是走，走即是粘。阴不离阳，阳不离阴。阴阳相济……"武禹襄《太极拳论解》中云："一动无有不动，一静无有不静，视动犹静，视静犹动。"李亦畬《走架打手行工（功）要言》中云："静则俱静，静是合，合中寓开。动则俱动，动是开，开中寓合。"阴阳、粘走、动静、开合，均刚柔之道也。故吾谓："粘随走化而不塌陷，谓之柔中寓刚；支撑发放而不顶抗，谓之刚中寓柔"，即所谓"刚而不猛，柔而不屈"者也。

### 14. 释"蓄劲如张弓，发劲似放箭"

手脚上下相随，气由两手收于肩，通过含胸拔背使气贴背敛入脊骨，注入腰间，此时周身上下外形内气均如弓形，故曰："蓄劲如张弓。"发劲时气由腰而脊而肩，经臂上贯于手，同时由腰而胯而腿，下注于足，形成手脚一上一下分张之势，同时腰亦行前移，形成放箭时弓把前移与两弓梢以上下分张两夺之势，同时发力的样子，故曰："发劲似放箭。"也有人认为，"蓄劲如张弓"是指自己蓄劲时，身体各部曲蓄，形如把弓张开一样；"发劲似放箭"说明太极拳运发的劲，似放出的箭一般快速有力。

姚继祖认为，以上关于"蓄劲如张弓"的说法尚可。把"发劲似放箭"说成太极拳的劲似放出的箭一般快速有力，从字面上看是可以的，从练法上看是不妥当的。因为像箭一样坚刚的、快速的力，是一种刚直不变的力，和外家拳运发的劲无异；太极拳的劲是一种刚柔相济的劲，是一种能刚柔、能起落、能变化、能展拓的劲，是一种坚韧而有弹力的劲，是一种刚而不猛，柔而沉实，不疾而速，如弹簧一样按之则落、悬之则起、不丢不顶、粘连黏随的劲。若以放出的箭来比太极拳的劲，则只说明了太极拳发劲的快速与坚刚一面，而不能说明太极拳劲的缓和柔曲尚能粘连黏随等变化的一面。若太极拳只有刚劲，则"人有力我亦有力"，尚能做到；而"人无力我亦无力"就没法办了。因此，姚继祖认为，古谱所谓"发劲似放箭"，不是以放出的箭来比喻太极拳的劲，而是以放箭时弓把和弓梢的分张的形象来比喻说明身体与四肢发劲时的形象。

### 15. 释"折叠"与"转换"

武禹襄《十三势行工要解》中云："往复须有折叠，进退须有转换。""折叠"是指推手时上体两肢连续使用八卦进行粘走，折叠人力而言。这种解释是正确的。如推手时，手的往复，时时含着接、引、进、转、击等五种意图，以俟机袭人。因之手在往复中是含着粘走变化的。这种变化外圆而内方，因其外圆，故不露行迹；以其内方，在走化诱发时，即形成一些曲折往复动作，这种动作一起一伏，一横一直，一上一下，一左一右……好似折叠人劲一样，故叫"折叠"。或谓，"折叠"是指推手时折叠对方四肢而言。姚继祖认为这种说法欠妥。如果真是折叠对方的四肢，那么"舍己从人""借力打人""打人不让对方感觉有被屈处"就无法解释了。"转换"是指下体两肢随人转动，运用五行步法转换虚实而言。如在推手时的进退屈伸、转换等虚实变换中，那种互为其根的虚实变化，即为"转换"。

### 16. 释"擎、引、松、放"

擎者：随人动，一面走化其力，一面吃住彼之劲根，使其一足支身，力不得发，身不得动也。引者：引其发力也。我感觉其劲根已为我吃住，即整我身，蓄我势，以备发。由于我坐腿蓄势，对方感觉我对其迫力一松，必思挣扎起来向我反击。松者：我为了发力，要周身放松，静待对方向我发力。放者：俟对方向我反击的力量，将发未发之时，我接定彼劲，认定彼准头而发之也。如果对方不向我反击，我蓄劲后，认定对方准头而去亦可，不过没有上述借力而发省力、效果大罢了。

### 17. 释"准头"和"端的"

李亦畬"擎引松放"四字秘诀中有"放时腰脚认端的"一语。武禹襄"敷盖对吞"四字秘诀中有"以气对彼来处，认定准头而去也"一语。"准头"乃腰脚也。"端的"乃清也，准也。"认端的"乃认清，认准也。"认定准头而去"，是说发人时应看准一定的目标而去也。结合起来看，即发人时应看清对方腰在哪条腿上、哪只脚上，即向哪只脚的外侧，踝骨外一寸处之地面上去之也。

### 18. 释"三易"

拳术中所谓"三易"，乃易骨，易筋，洗髓，即明劲，暗劲，化劲。明劲：炼精化气，为武火。暗劲：炼气化神（练气归神），为文火。化劲：炼神还虚，为火候纯也。火候纯，则内外一气成矣，再炼，则亦无劲、亦无火，人于虚灵神化矣。

### 19. 释"腾挪闪战"

李传云"腾挪闪战"，杨传云"腾挪闪展"。腾：提顶、拔腰，蹬足，撑臂，力含上腾之意；挪：转腰，扣膝，裹裆，甩胯，挪动对方力向；闪：使对方力量被闪落空，击不中我的劲根与身体；战：我意气贯周身，周身骨节开展而发也（此乃以周身一家之力发人，绝非只用手推，肘击，胯打之力也）。郝少如著《武式太极拳》内云：腾挪，乃蓄"发人之力"，即预动之意；闪战，乃以放箭似的刚力发人也。

### 20. "轻、重、浮、沉"解

双重为病：失于填实（填腰则不灵活，实而无蓄）。双沉不为病：实而有蓄，能灵活运用。双浮为病：只如缥缈，浮而无根。双轻不为病：有根之轻。半轻半重：半有着落。偏轻偏重：偏无着落，心失方圆。半浮半沉：失于不及。半轻偏轻：灵而不圆。偏浮偏沉：失于太过。半重偏重：滞而不正。半浮偏浮：茫而不圆。若双轻不近于浮，双沉不近于重，半有着落，灵而不昧，坚整不滞，乃为平手，除此以外皆为病手。

## （三）拳论

### 1. 练功三阶段

先生云，练太极拳有三个阶段：初期如不会游泳的人站在水中，两足踏地，身体与手足动作，如有水之阻力，感觉滞重不灵，摇曳不定；中期，身体仍如在水中，但两足浮不着地，如善泅者浮游其间，身躯四肢皆自如也；后期，身体愈轻灵，两足如站水面上，到此地步，心中感觉战战兢兢，如临深渊，如履薄冰，不敢有一丝放肆之意，神气稍散乱，即恐身体降落下去。拳经云"神气四肢，总要完整，一有不整，身心散乱，心主偏倚，而不能有灵活之妙矣"，即此之意也。

### 2. 论"不丢不顶"

论一：能不丢不顶，则粘连黏随自得，但不丢不顶不是容易做到的。比如，人退我进，彼此两手（或身体其他部分），虽然是相接未离，但接触的密度无故稍松或自己手上的力量无故稍减，即犯了"丢"的错误。"不顶"，并非一般人所说的连一点支撑力也没有，纯柔相随；而是以我之力（支撑力）接定彼之来力，以变换虚实，随屈就伸，达到错开劲头，两手支撑，无有缺陷。至去人时要用力，亦是肯定的，但能做到躲开彼之劲头而去，即为不顶。故武禹襄老先生云："一搭手，有进无退。"逊之先生云："力之用，飘为贵。"前者系说明搭手用力，后者系说明发人用力，均合不丢不顶的要求。郝为真老先生，生前曾在桌子上以指带动火柴盒，使之旋转，以此解释"不丢不顶"，实是绝好例证。而与现在一般不明太极拳理的人们推手时所用的按字测意的所谓不丢不顶实有天渊之别，学者不可不详味焉。

论二：太极拳推手时要求"不丢不顶"。有些人不知"不丢不顶"究竟怎样练习，只从字面上来研究，而不在推手应用上去探讨，因之在推手时多系轻接对方手和臂，不管自己周身相随否，不管彼此劲究竟相接否，一味在两臂上追求彼进我退、彼退我追的从人不由己的所谓"不丢不顶"，因而使"不丢不顶""粘连黏随"失去了应有的作用。"粘连黏随""不丢不顶"必须在"周身一家""上下相随""接定彼劲"三个条件下去进行，才能起到作用，才能使对方在自己的手或臂的带动下，站立不稳，轻则跳跃不停。例如，将一火柴盒放在桌上，伸一指捺其上，意欲让火柴盒随指的带动，在桌上移动位置。如果用的力大了，则火柴盒被捺得太紧，不能被手指带动；如果用的力量太小了，则手指和火柴盒接触得太松，亦不能带动火柴盒移动位置。因此，用的力量必须不大不小，捺得不轻不重，才能灵活地使火柴盒在自己手指的带动下，在桌上来往或盘旋转动。这正和推手时用力应不大不小，不丢不顶，恰好带动对方一样。

### 3. 论"开合收放"

开合、收放原为一体，不宜分谈，更不能分练。开即放，合即收，收为吸，放为呼。收则周身筋缩，骨节紧合，肌肉松静，所谓一静无有不静，静是合，合中寓开。呼则周身筋伸骨节开展，肌肉紧缩坚实，所谓一动无有不动，动是开，开中寓合。开合指周身筋骨肌肉而言，收放指呼吸行气而言，二者互为里表，不容稍离，否则不能灵活、坚整。诚能开合收放，内外合一，不但在增强体力上效果显著，在推手上亦可逐步缩小其动作，由有形归无形，渐至一吸即走，一呼即发，所谓意动身不动的境地。

### 4. 论呼吸

太极分阴阳，在气为呼吸。呼乃开与发，吸为合与收。初学求自然，习久须讲究，能教一气先，莫教一气后。

### 5. 对王宗岳《太极拳论》中"高深长促"等字用法的体会

以前笔者对王宗岳拳论中的"仰之则弥高，俯之则弥深，进之则愈长，退之则愈促"数语的体会是，人想仰高我随之更高，人俯身下沉，我随之更深，人向我进逼，我使人感觉我还有后退余地，人后退时，我要紧促地跟上去，使其无立足之地。这些体会，基本上和一般人所见是相同的，依而练习，亦不见什么功效。后来与一位较自己身高的人推手，运用"仰之则弥高"法则时，自己虽尽力高上去，亦高不过人家。为了解决这个问题，笔者经过几次思考，得出一个结论：对方欲想仰之向上时，我在仰上、速度上、力量上要超过对方，即所谓后发先至，彼即为我所动。这样既合了"仰之则弥高"的法则，又合了"彼不动，己不动，彼微动，己先动"的论述。其余深、长、促等句，亦均感如此去做甚为合适，故特记之。

### 6. 对"阴阳相济、粘走互济"的探索

王宗岳《太极拳论》中云："粘即是走，走即是粘。阴不离阳，阳不离阴。"笔者多年来只能做到粘然后走或走然后粘，而不能使粘走互济，如李亦畬《五字诀》中所述"左重则左虚而右已去，右重则右虚而左已去"那样。笔者在练习中，在虚实互易时结合了发力，得出一种"一面走化人力，一面发人的周身一家力量"。思之与"粘即是走，走即是粘。阴不离阳，阳不离阴"甚合，故志之，以备继续探索。

### 7. 对"似松非松，将展未展"之我见

有人云"似松非松，将展未展"，乃自己练功时周身筋骨似松非松，四肢骨节或劲将展未展。"似松非松"，乃推手时我已占绝对优势，而停止对对方进迫，似是松了，但神意仍专注着，等待对方发力反攻。"将展未展"是待对方反攻力量将发未发出来时，迎头击之。记得陈秀峰曾在"似松非松，将展未展，劲断意不断"后面又加上"藕断丝连"四个字，倒颇恰当。笔者根据这句话出现在"彼不动，己不动，彼微动，己先动"打手要言后面，感觉"似松非松，将展未展"这句话说的是打手时彼我之间的事。自己在推手时亦有这样的体会："似松非松"指彼此欲发前一种不即不离的状态，在此状态下互相感受对方的劲力，有此感受后，自己就当把劲松开，严阵以待，聚精会神地静听彼劲怎样来，彼力一动，尚未展开的时候，即所谓将展未展，我即抚定彼之劲头，对准彼之劲根，搓揉之，彼必跌出。此亦正合所谓"不先不后，不丢不顶"了。丢了（接得松了），则摸不出彼劲；顶了，彼有感则变；先了，彼能走化；后了，彼力已能施展，主动在彼，我进无益。

### 8. 论劲

太极拳之劲，重内而不重外，重根而不重梢，圆整混一，灵活不滞，坚、韧、刚、柔，四者具备，斯为正宗。劲之运用，神意领先，气力随至，粘走应变，有赖肢躯，如起于脚，变于腿，含于胸，运于肩，输于臂，形于指，发于脊，主于腰。由脚而腿而腰，要完整一气。由手而臂而肩，要一气贯串。腰通脊柱，上与两肩两膊相系，下与两胯两腿相随，上下贯通，手脚相济。

劲之转变：腰脊如车轴，肢体如辋辐，行气如车轮。动则俱动，轴动则辋辐自动，静者俱静，轴静则车轮自止。劲的收放，由内抽贯，意领神导，渐隐渐现。这种以意导气，起落，展拓，变化自如的劲，叫作"粘劲"。劲有数种：创劲太直，难以起落；攻劲太死，难以变化；绷劲、抖劲太促，难以展拓，且都失之刚多柔少，形迹外露，容易致伤。唯有粘劲，劣少优备，手到劲发，又灵又疾，俯仰旋转，变换如意，蓄发无形，动静随机。用于推手，壮弱咸宜，从容走化，沉着粘依，气敛神聚，意静身逸，经常习此，可以蓄神，可以养气，可以活血，可以健肌，可以通经舒络，可以强筋长力，却病延年，无一害而多益，是以粘劲，太极最尚。

### 9. 太极拳走架行功说略

昔人云"周身一家如练到，拳术即上康庄道"。诚见周身一家在太极拳技击上是一种极为重要的基本功夫。平时走架说是为了练习手、眼、身法、步，实际就是练习"周身一家"。周身一家的练法要求周身上下内外一动无有不动，一静无有不静的统一运动，故其在强身保健与医疗上具有十分重要的作用。初学不明途径，不得要领，有的上下不能相随，有的内外不能相合，做不到周身协调地统一运动，因此阻碍了太极拳在医疗保健上良好效果的发挥。为了克服上述缺点，提高太极拳在强身保健与医疗上的效果，使太极拳更好地为人民体育事业服务，现根据笔者见闻体会所及略述于下。走架行功必须在周身一家上用功夫，一举一动都要注意周身的统一运动。欲想周身一家，须知内外三合，内练神气，外练肢体，内外兼修方为合法。

外三合者，手与足合，肘与膝合，肩与胯合。其运用乃以腰为主。上与两肩两膊相系，下与两胯两腿相随，上、中、下三节相适应。为此练去，则周身自然上下相随，中正不偏，久练可以矫正体态，使走架姿势顺随美观，使身体重心稳固，动作灵活，为进一步练习推手打下得机得势、无有缺陷的基础，所以在行功时必须注意外三合。

内三合者，神与意合，意与气合，气与力合。其运用乃以神导意，以意导气，气至力生。神似帅，意似将，气似兵，神意为气之领导，气是力之生母。无神意领导，则气无所从，气无所从，必致散漫，则力无生母，力无生母，则力不坚整，身易散乱。走架时，神、意、气三者如不相合，如此练去，对充沛精神、增长体力、医疗内脏与神经系统疾病，均有莫大妨碍，所以在行功时要神、意、气三者密切相合。

内外三合，实为里表，一主一副，不能偏废，古谱行功歌云"意气君来骨肉臣"正说明这点。诚恐学者重外而轻内，只学外表形式，不顾神、意、气的运行，减少了身体内部横膈膜与脏腑直接和间接的运动；或过于轻外而重内，对身体要求不严格，因之产生耸肩、驼背、锅腰、出臀以及头歪、项斜、脊柱偏倚等不良姿势。如不及时纠正，不但减少了医疗保健的实效，而且妨碍了身体各部的正常发展，影响了走架姿势的顺随与美观。两种偏向均应切忌。

但锻炼神气，必依法则，运动肢体，亦有定方。当知神非镇静不能清，气非团聚不能刚，顶悬脊竖则体正，手脚相随则式圆，提顶吊裆而松肩沉肘则沉着松静，含胸拔背而裹裆护肫，则周旋健捷；身躯进退，不偏不倚，四肢屈伸，忌僵忌直，以神导意，宜静宜缓，依意导气，渐隐渐现。手一出，神先领导，足一动，意即注之，目为神舍，目到则神至，气随意行，意注则气凝。眼不离手，伸手则神气毕集，意不忘足，着足则力量俱来。如此练去，时刻注意外部的手、足、肘、膝、肩、胯的上下相随，与内部的神、意、气上下运行，内外相合，形成周身上下内外，一动无有不动，一静无有不静的统一运动，即周身一家、六合混一的基本练法。谨守此法，坚持练习，渐成习惯，一动则上下相随，内外相合，周身一气贯串，则所谓周身一家功夫成矣。

周身一家的运动，要求每一举动，具有周身肌肉、筋络、骨节以及内部横膈膜、脏腑内外一动俱动的特点，此乃太极拳所以能却病延年，应用于医疗保健的根本原因。正如古人所说"流水不腐，户枢不蠹"的道理。这是练习太极拳时想强身健体、防治疾病切勿忽视的一种特效方法，而且是练习太极拳推手时想得机得势、没有缺陷、重心稳固的基本功夫，愿同好者，切勿忽视。

## （四）论打手

### 1. 打手小序

二人打手之际，立身务须中正，方能支撑八面。精神能提得起，则无双重之虞；意气须换得灵，乃有圆活之趣；粘依能跟得上，方见落空之妙。往复须分阴阳，进退须有转合，机由己发，力从人借，蓄劲如张弓，发劲似放箭，曲中求直，蓄而后发。

发劲以前，先要神气鼓荡，气势腾挪，精神贯注，腹内松静，两肩松开，气向下沉。劲起于脚跟，变换在腿，含蓄在胸，运动在两肩，主宰在于腰，上与两膊相系，下与两腿相随。劲由内换，收即是合，放即是开，静则俱静，静是合，合中寓开。动则俱动，动是开，开中寓合，触之则旋转自如，无不得力，这样才能引进落空四两拨千斤。

凡去人之时，发劲要有整劲（抖劲），发劲时切记不可犹豫。倘不得势，便不顺劲，即不可发劲，发必顶劲（阻击也）。如遇此时，即默思揣摩，渐至从心所欲。万不可彼有力我即以力支撑。本是舍己从人，多误舍近求远，所谓差之毫厘，谬之千里，学者不可不详辨焉，是为序。

### 2. 初学推手四要

接、随、走、拥为初学推手四要。

（1）接：接定人劲也。不接定人劲，则不能知人，不能知人，则不能从人，不能从人，则必由己，由于由己，则毕生习练亦只能以着打人之身，不能擎起人劲打人之劲，与外家无异。王宗岳《太极拳论》末云："……本是舍己从人，多误舍近求远，所谓差之毫厘，谬之千里，学者不可不详辨焉。"这是告诫后之学者，不要只学由己的用着打人，以致不自觉地误入歧途也。

（2）随：随人而动也。不能随人而动，就要由己妄动，就不能时刻掌握着人劲的动向与企图，丢、顶、偏、抗等病势必产生。因此想做到舍己从人，粘连黏随，引进落空，四两拨千斤，就必须在"随"字上用功夫。

（3）走：走化人力也。不会使自己得机得势走化人力，使之落空，就不能做到粘依跟得灵，引进落空，四两拨千斤。欲想走化人力后，自己仍能得机得势，就必须周身一家，上下相随。首先使自己周身没有缺陷，然后接定彼劲，静心听准彼劲之动向，随屈就伸，使之落空而后发也。

（4）掤：掤之使人出也。初学推手者，发人时有发无收，脚手不随，不能用周身一家之劲。发人用掤，就可免去以后只会用刚劲发人，不会用柔劲拿人，以及推手时动手伤人的缺点。俟有一定基础之后，即不以"掤"字为限矣。

### 3. 推手打劲方法

（1）打"来劲"用"截"或"牵"。彼劲向我来，若来势不猛，我则正面迎接，而从侧面截击之，使彼不得发挥其力，而为我制；若来势甚猛速，用截不及，即可用牵，顺其力向借其来力而跌之。

（2）打"回劲"用"随"。彼感落空，意欲回收，我粘定其劲，随彼劲紧逼之，使彼无容身之地。

（3）打"停劲"用"串"。彼劲发尽而未变或彼劲欲进不能、欲退不可时，恃力坚持，我串击之，即所谓挨肘串肩，挨肩串腰……

（4）打"出劲"用"搓"。彼劲将展未展，劲头刚出，我即换其劲头而搓之，同时并对准其脚跟，彼必跌出。

（5）"打闷劲"用"捂"。运劲于周身。以手、肘等处，接定彼劲，神意拢住彼之周身，捂住彼之劲头，逼定彼之劲根，使彼身不得动，力不得出也。彼劲若坚欲发出，则必以其力还击其身。

### 4. 推手四级功

粘、接、灵、化为习练推手的四个阶段。

（1）粘：粘连相随永得机。这时尚不能接劲打人，发劲时还得接触到对方身上，但自己能引进落空，得机得势。必须基本上练到周身一家，脚手随的程度乃可。

（2）接：接定彼肢击彼力。此接劲打人也，发人时只接触到对方四肢或身上某一点，即能拔起对方的劲根，使对方不能换力而被发出。必须心静、身整，接定彼劲，或能用"擎引松放"四字诀乃可。

（3）灵：灵虚使人进退难。至此阶段，既能引对方完全落空，又能使之不能自主，既不能进，又不能退，听我指挥。必须敛气入骨，接定彼劲，稳化彼力，才能使之深陷我圈内而不能出，听我指挥；或能用敷、盖、对、吞四字诀乃可。

（4）化：化为神意无形迹。必须练到神聚、气敛、心静、身灵、劲整五者俱备乃可。到此地位，发人动作极小，则所谓"意动身不动"矣。像武禹襄晚年，能不动脚手、站着，令人以掌击其背，将人发出；李亦畬晚年，坐着不动，让人来击，将人发出；以及郝为真曾站着不动，使人击其胸，能使人跌出，均是实例。

## 四、崇柔尚静，明规守矩——郝月如

图 4-5　郝月如

郝月如（图 4-5），名文桂，字月如，郝为真的次子，出生于河北永年城火神庙街。据相关文献资料记载，郝月如少时体质羸弱，十余岁随父郝为真习太极拳，异常聪明，领悟能力强。通过习练太极拳，郝月如的身体逐渐变得强壮，因其在李亦畬先生的蒙馆中读书，在郝为真随李亦畬先生练拳的时候，他经常在旁观摩走架打手，聆听拳理技法。经过长期的观察揣摩，到 20 岁左右时，他已通晓太极拳意，领略太极拳的真谛，深得太极拳艺之精华。

郝月如早年的时候在邢台天吉货栈经商管账，其后家道中落。1920 年父亲离世后，郝月如接续父业，在永年的河北省立十三中及永年第一小学当拳术教员。1928 年，永年组建国术馆，郝月如不久就担任该馆馆长，时有学员 80 多人。

1929 年，孙禄堂出任江苏省国术馆副馆长，因其早年从学于郝为真，所以推荐郝月如到江苏镇江担任国术馆教习，一年多以后，郝月如因受同事嫉妒，乃辞职离任。当时，郝为真的弟子李香远正好在南京，郝月如受到了他的举荐，于 1930 年到南京教授拳术。

郝月如习练拳艺崇柔尚静，教授学生相当严格。他要求学生习拳必须先明规矩、守规矩，然后脱规矩、合规矩，按照这种步骤自然能应敌从容而运劲如转圜。因此，郝月如教授初学者的时候，非常专注于矫正姿势，每学习一个动作，务求姿势规范。郝月如要求学生以外引内、由内及外，使内外合一，稍有不合，必须重练，因为这样，常常三五日只教一个动作，并教导学生：欲速则不达。郝月如在南京 5 年左右，因其不改变教学方法，尽管先后从学者有 300 余人，但学生"不解其意，不耐久习"，有的学一个多月就不学了，大部分学生坚持不下来，只有江苏常州人、国学大家章太炎的弟子、时任中央大学中文教授的徐震等少数几人从学最久。

郝月如先后在民国时期的原国民政府最高法院等处教拳，1935 年春，由其弟子张士一引荐，被民国时期的中央大学校长罗家伦聘为兼任教员，传授武式太极拳。是年秋天，郝月如脚患疾病，日益加剧，11 月 30 日病故于南京，时年 59 岁。张士一、冯卓等帮助从上海来南京的郝月如的儿子郝少如操办丧事，并把郝月如运回河北老家安葬。

郝月如著有大约 7 万字的《太极拳图解》，主要传人有儿子郝少如、侄子郝振铎以及学生张士一、徐震等。

郝月如的主要拳论如下。①

## （一）身法要点

太极拳身法主要有：含胸、拔背、裹裆、护肫、提顶、吊裆、松肩、沉肘、腾挪、闪战、尾闾正中、气沉丹田、虚实分清，共十三条。

（1）何谓含胸？曰：心以上为胸。胸不可挺，要往下松，两肩微向前合，谓之涵胸。能含胸，才能以心行气。

（2）何谓拔背？曰：两肩中间脊骨处，似有鼓起之意，两肩要灵活，不可低头，谓之拔背。

（3）何谓裹裆？曰：两膝用力，有内向之意，两腿如一条腿，能分虚实，

① 郝少如. 武式太极拳[M]. 北京：人民体育出版社，1992.

谓之裹裆。

(4) 何谓护肫？曰：两肋微敛，取下收前合之意，内中感觉松快，谓之护肫。

(5) 何谓提顶？曰：头颈正直，不低不昂，神贯于顶，提挈全身，谓之提顶。

(6) 何谓吊裆？曰：两股用力，臀部前送，小腹有上翻之势，谓之吊裆。

(7) 何谓松肩？曰：以意将两肩松开，气向下沉，意中加一静字，谓之松肩。

(8) 何谓沉肘？曰：以意运气，行于两肘，手腕要能灵活，肘尖常有下垂之意，谓之沉肘。

(9) 何谓腾挪？曰：有动之意而未动，即预动之势，谓之腾挪。

(10) 何谓闪战？曰：身、手、腰、腿相顺相随，一气呵成，向外发出，劲如发箭，迅若雷霆，一往无敌，谓之闪战。

(11) 何谓尾闾正中？曰：两股有力，臀部前收，脊骨根向前托起丹田（小腹），谓之尾闾正中。

(12) 何谓气沉丹田？曰：能做到尾闾正中、含胸、护肫、松肩、吊裆，就能以意送气，达于腹部，不使上浮，谓之气沉丹田。

(13) 何谓虚实分清？曰：两腿虚实必须分清。虚非完全无力，着地实点要有腾挪之势。腾挪者，即虚脚与胸有相吸相系之意，否则便成偏沉。实非全然占煞，精神贯于实股，支柱全身，要有上提之意。如虚实不分，便成双重。

## （二）武式太极拳要点

### 1. 手、眼、身、步、精、气、神

手法要气势腾挪，有预动之势，无散漫之意。两肩亦须松开，不使丝毫之力。手势本无一定，不管抬起垂下，伸出屈回，总要有相应之意，何时意动，何时手到。所谓"得心应手"是也。以意运气，久而能精，精而愈精则神，神而愈神则灵，领悟此理，当有神明之妙。

神聚于眼，眼是心之苗，心从意中生，我意欲向何处，则眼神直射何处，周身亦直对何处，一转眼则周身全转，视静犹动，视动犹静，总须从神聚而来。

身法先求"尾闾正中"。正中者，即"脊骨根向前"也。又须护肫，肫不护则竖尾无力，一身便无主宰矣。我意欲向何处，"脊骨根"便直对何处。转变在两腰眼中，左转则左腰眼微向上抽，用右腰眼托起左腰眼；右转则右腰眼微向上抽，用左腰眼托起右腰眼，则尾闾自然正中。总之，各条身法必须一一求对，结合起来只有一个身法，一处不合，全身都乖，所以身法是永不许错的。虽千变万化，总难越出此身法也。

所谓步法虚实分清，虚非全然无力，内中要有腾挪；实非全然占煞，必须精神贯注。腾挪谓之虚，虚中有实；精神谓之实，实中有虚。虚虚实实，实实虚虚，即此意也。

### 2. 起、承、开、合

太极拳走架，每一架势分四个动作：第一个动作是"起"（如"左懒扎衣"第一式）；第二个动作是"承"（如"左懒扎衣"第二式）；第三个动作是"开"，即发（如"左懒扎衣"第三式）；第四个动作是"合"，即收，收是蓄的意思（如"左懒扎衣"第四式）。但不是呆板的，有开中寓开，有合之再合，所谓不丢不顶，处处恰合也。

## （三）武式太极拳的走架打手

太极拳不在样式而在气势，不在外面而在内。平日行功走架，须研究揣摩空松圆活之道，要神气鼓荡，全身好似气球，气势贵腾挪，身体有如悬空。两手无论高低屈伸，一前一后，一左一右，皆能灵活自如。两腿不论前进后退，左右旋转，虚实变换，无不随意所欲。日久功深，有不知手之舞之，足之蹈之之境。明白原理，熟练身法，善于用意，巧于运气，到此地步，一举一动，皆能合度，无所谓不对。

习太极拳者必先求尾闾正中。正中者，脊骨根对脸之中间也。迈左步，左胯微向左上抽，用右胯托起左胯；迈右步，右胯微向右上抽，用左胯托起右胯；则尾闾自然正中。能正中，则能八面支撑；能八面支撑，则能旋转自如，无不得力。次则步法虚实分清：虚非全然无力，内中要有腾挪，即预动之势也；实非全然占煞，内中要贯注精神，即上提之意也。切记两足在前弓后蹬时不要全然占煞，应该分清一虚一实，否则即成双重之病。两肩要松开，不用丝毫之力，用力则不能舍己从人，引进落空。沉肘即肘尖常向下沉之意。前膊和两股注意内中要有腾挪之势，无腾挪则不灵活，不灵活则无圆活之趣。又须护肫，肫不护则竖尾无力，便一身无主宰矣。又须养气，气以直养而无害，即沉于丹田，涵养无伤之谓也。又须蓄劲，劲以曲蓄而有余，并须蓄敛于脊骨之内。吸为合为蓄，呼为开为发。盖吸则自然提得起，亦拿得人起；呼则自然沉得下，亦放得人出。此是以意运气，非以力使气，此即太极拳呼吸之道也。

太极拳之为技也，极精微巧妙，非特力大手快也。夫力大手快者，先天自然赋有，又何须学焉。是故欲学斯技者，宜先从含胸、拔背、裹裆、护肫、提顶、吊裆、松肩、沉肘、虚实分清求之。这些对了，再求敛气，气敛脊骨，注于腰间，然后再求腾挪。腾挪者，即精气神也。精气神贯注于两脚、两腿、两手、两膊前节之间。彼挨我何处，我注意何处，周身无一寸无精气神，无一寸非太极，而后再求进退旋转之法。旋转枢纽在于腰隙。能旋转自如，丝毫不乱，再求动静之术，静则无，无中生有，即有意也。意无定向，要八面支撑。单练之时，每一势分四字，即"起、承、开、合"。一字一问能否八面支撑，不能八面支撑，即速揣摩之。如二人打手，我意在先，彼手快不如我意先，彼力大不如我气敛，彼以巨力打来，我以意去接，微挨皮毛不让打着，借其力，趁其势，四面八方何处顺，即向何处打之。切记不可用力，不可尚气，不可顶，不可丢；需要从人仍是由己，得机得势，方能随手而奏效。动亦是意，步动而身法不乱，手动而气势不散。单练之时，每一动要问能否由动中向八面转换，不能八面转换即速揣摩之。如二人打手，我欲去彼，先将周身安排好，意仍在先，对定彼之重点，笔直去之；我之意方挨彼皮毛，如能应手，一呼即出；如彼之力顶来，不让其力发出，我之意仍借彼力，不丢不顶，顺其力而打之，此即借力打人，四两拨千斤之妙也。此全是以意运气，非以力使气也。能以意打人，久之则意亦不用，身法无所不合。到此境界，已臻圆融精妙之境。说有即有，说无即无，一举一动，无不从心所欲。真不知手之舞之，足之蹈之矣。

习太极拳者，须悟太极之理。欲知太极之理，于行功时先要提起全副精神，外示安逸，内固精神，气势腾挪，腹内鼓荡。太极即是周身，周身即是太极。如同气球，前进不凸，后退不凹，左转不缺，右转不陷，变化万端，绝无断续，一气呵成，无外无内，形神皆忘，乃能进于精微矣。

在打手时，我意须在先，彼之力挨我何处，我之意用在何处，彼之力方挨我皮毛，我之意已入彼骨里；以己之意接彼之力，非以己之力顶撞彼之力，恰好不后不先，我之意与彼之力结合。左重则左虚，右重则右杳，仰之则弥高，俯之则弥深，进之则愈长，退之则愈促，一羽不能加，蝇虫不能落，人不知我，我独知人，所谓粘连黏随，不丢不顶者是也。

习太极拳者，须悟阴阳相济之义。动之则分，静之则合。分者，开大也。合者，缩小也。其中皆由阴阳两气开合转换，互相呼应，始终不离也。开是大，非顶撞也；缩是小，非躲闪也。一动无有不动，一静无有不静。动者，气转也；静者，有预动之势也。所谓视静犹动，视动犹静。气如车轮，腰如车轴。非两手乱动，身体乱挪。紧要全在蓄劲，蓄劲如张弓，发劲似放箭。无蓄劲，则无发箭之力。发劲要上下相随，劲起于脚根，注于腰间，形于手指。由脚而腿而腰，总须完整一气。腰如弓把，脚手如弓梢，内中要有弹性，方有发箭之力也。自己安排好，彼一挨我皮毛，我意接定彼劲，挨皮毛，即是不丢不顶，用意去接，即是顺随之势；能顺随，则能借力；能借力，则能打人，此所谓借力打人，四两拨千斤是也。到此地步，手上便有分寸，能称彼劲之大小，能权彼来之长短，毫发无差；前进后退，左顾右盼，处处恰合，所谓"知己知彼百战百胜"也。平日走架打手，须从此做去，走架即是打手，打手即是走架，此皆一理。走架每一势要分四字，即起、承、开、合是也。一字一问对不对，稍有不对，即速改换。差之毫厘，失之千里。能领悟此意，行住坐卧皆是太极，学者不可不详辨焉。

平日走架行功时，必须以意将气下沉，送于丹田（以意非以力，非努气，非用呼吸），存养含蓄，不使上浮，腹内松静，气势腾然。依法练习，日久自能敛气入骨（脊骨）。然后用意将脊骨之气由尾闾从丹田往上翻之。达此境界，就能以意运气，遍及全身。彼挨我何处，我意即到何处，气亦从之而出，如响斯应，疾如电掣。周身无一处不是如此，此即所谓"行气如九曲珠，无微不到（至）；运劲如百炼钢，何坚不摧"，亦即"意到气即到"是也。又丹田之气，须直养无害，才能如长江大海之水，用之不竭，取之不尽。迨至功夫纯熟，练成周身一家，宛如气球一样，左重则左虚，右重则右杳，物来顺应，无不恰合。凡此皆是"以意运气"，非"以力使气"，"在内不在外"，亦即"尚气者无力，养气者纯钢"是也。

## （四）舍己从人

太极拳有舍己从人之术，挨何处，何处灵活。假使挨手，手腕灵活；挨肘，肘能灵活；挨胸，胸能灵活，周身处处如此。

又：挨手意在肘，挨肘意在肩，挨肩意在胸，挨胸意在腰，挨腰意在股。以此推之，粘连黏随，不丢不顶，引进落空，借力打人，皆此意也。

## （五）敷、盖、对、吞四字秘诀解

敷：敷者，运气于己身，敷布彼劲之上，使不得动也。

解曰：此是两手不擒、不抓、不拿，仅敷在彼身之上，以气布在彼劲之上，如气体一般之轻，令彼找不到丝毫得力之处；以精、气、神三者贯穿住，使其无丝毫活动之余而动弹不得。

盖：盖者，以气盖彼来处也。

解曰：此是以气盖住彼劲，而又不使之惊动，令彼有再大的劲力亦发不出。

对：对者，以气对彼来处，认定准头而去也。

解曰：此是须认定彼劲来之目标，以气对准彼劲之部位，与彼劲之大小、长短和粗细尽相吻合，运劲如百炼钢，何坚不摧。

吞：吞者，以气全吞而入于化也。

解曰：此是须以己之磅礴气势将彼之周身包围住，并吞噬其全劲，而又加以化之，使其劲力再大也必落入于全力覆没之地。

又解曰：以上四字绝妙。周身必须达于犹如气体一般之柔软，气势达于磅礴之概，全身好似气球一般而无懈可击，行气自如而能遍及全身之境地。非懂劲后，练到这种极精境地者不可得。完全是以气运动而走内劲，所谓"全是以气言，无形无声"。

再解曰：这四个字虽然用法不同，各有其妙用，但是字字之间有着密切相连的关系；既是互相合作的，又是可以互相转换的，不是呆板的。唯有四字同时存在于习练者的意念中，运用时才能因敌变化，随机所用而变换灵活，乃能得心应手，使无形无声的气能够演出太极拳神妙无比的绝艺。

## 五、太极圣手——李宝玉

李宝玉（1889—1961）（图4-6），字香远，又名景清，邢台县会宁村人。父亲李德恒以行医为业。李宝玉幼年时期就喜欢武术，早年拜任县（现任泽区）著名镖师刘嬴州为师，习练三皇炮锤。后刘嬴州让儿子刘东汉与李宝玉拜永年杨式太极拳后人杨露禅之孙、杨凤侯之子杨振远（名兆林）为师。杨振远是当时国内著名的太极拳高手，因其父早逝，其拳从学于叔叔杨班侯。只可惜当时杨振远年事已高，李宝玉学完一趟太极拳架之后，杨振远便

图4-6　李宝玉

已经罹病卧床，未再起身。据传其间郝为真曾前往探视，杨振远自知寿命将终，便托付郝为真教授李宝玉太极拳术。又传京汉铁路通车后，邢台一带商业渐兴，郝为真的次子郝月如在邢台天吉货栈当账房先生，货栈东家申老福通过郝月如重金礼聘郝为真到邢台教授其子侄申文魁、申武魁等人。当时，李宝玉正在邢台县城内开磨坊，因仰慕郝为真之拳技，经人介绍拜在郝为真门下。

杨振远临终之前，让人寻找茔地，但因窀穸位置好，价格高昂，负担不

起，李宝玉将家中 10 余亩田产变卖，帮杨家操办。杨振远辞世之后，李宝玉家财耗尽，一贫如洗，只好搭一间茅庐靠打短工度日。郝为真得知李宝玉为杨振远所做的一切，称赞有加，收其为入室弟子，不仅不收分文，还管其吃、穿、住、用。由于李宝玉尊师重道，具有武功基础和良好的武术天分，深得郝为真喜爱，郝为真遂传授其太极拳真谛。李宝玉潜心研究，练功刻苦，功夫厚实，名噪一时，其旋化旋发之术最精，虽然外貌看似文弱，但是一旦与人交手，则发力迅捷，叱咤风雷，对手往往无法防御，甚至不见其动手就能将人发出，被人尊为"太极圣手"。

李宝玉在河北邢台、山西太原授拳多年，传闻轶事比较多。1923 年军阀混战时期，陕西靖国军第一师师长胡景翼驻军邢台。胡景翼自幼习武，拜过名师，身高体健，武技精湛，从军所到之处遍访名家，阅历颇丰。他听说李宝玉太极拳术精湛，便差人将李宝玉找来与其比武，李宝玉见他是一位带兵的武官，再三推辞不主动出手，胡景翼非比不可，挥动双拳向李宝玉打来，李宝玉以"云手"走化，并不还手，胡景翼见状不满。李宝玉见其执意要自己还手进招，知道不把他打倒便无法收场，趁胡景翼纵身而上挥拳打来之时，闪身而进，一个"上步懒扎衣"把胡景翼打出丈余，仰面摔倒，从此二人成了朋友。次年，胡景翼移军河南，邀请李宝玉一同前往，李宝玉以老母亲在家需要照顾为由未同行。

李宝玉的第一个弟子是河北任县北街人董文科（1897—1961），又名董英杰，后成为太极拳名家，定居香港，著有《太极拳释义》一书，并创办太极健身院，为太极拳的国际传播做出了巨大贡献。1929 年，董文科推荐李宝玉到苏州执教，从学者不乏大学教授、社会名流。后李宝玉又受南京国术馆邀请，前往南京教拳，到南京不久便推荐同门师兄郝月如到南京传艺，他本人则因友人邀请等原因返回北方。1930 年，英国人在南京设擂台，并口出狂言，欺我中华无人。李宝玉应其弟子董文科请求，与李见性一起再赴南京。李宝玉帮助董文科仔细研究了英国人的特点，制订了完备的攻擂计划，并对董文科进行了短暂严格的针对性战前训练，使董文科将英国大力士打下擂台。1932年，山西太原组建了"山西省国术促进会"，先后聘请郝为真、李宝玉等莅临山西太原教授武式太极拳；为扩大影响，还举办了百日擂台赛，李宝玉被公推为擂主，当时王子平、孙禄堂等武林人士都闻讯前来参加。

李宝玉在山西教拳多年，回邢台的具体时间无从考证。其次女名叫李桂花，1920 年生，1944 年前后由邢台会宁远嫁至湖北应城；其弟子光老善是邢台商务会的会长。李宝玉从山西回邢台后，最初住在商务会馆内，与武术界人士尚有往来，后来则闭门谢客，很少与外人交往了。李宝玉晚年以做小生意为生，时常得到任县石逢春的帮助，出于感激，他向石逢春传授了太极拳。1961 年，72 岁的李宝玉病故。目前，河北邢台一带有人习练武式太极拳及推手技法，称是李宝玉所传。李宝玉没有相关拳谱拳论流传于世。

杨澄甫的高徒"三轩"之一的李雅轩晚年回忆李宝玉的太极功夫时，曾说过这样一段话："一辈子的苦功，身势曲折柔软得很，尤其是他的发劲比任何人都充实。其劲能入里透内，确实是一把好手。"

2019 年 8 月上旬，笔者再次前往河北邢台调研，同门师兄弟曲磊、马善双、范桂军等在当地村民的指引下，几经周转，在一片破烂不堪、杂乱无章的建筑工地上，找到了李宝玉先生的墓碑，其坟墓已不复存在，青石碑座与碑身连为一体，经清水冲洗，碑身阴阳两面的周边雕刻有莲花、仙鹤、梅花鹿等传统特色图案，阴面中间楷书撰写的碑文清晰可见（图 4-7、图 4-8），内容如下。

**碑阳面**

**碑额：** 永誌（志）千秋。

**从右至左：** 郝式太极拳一代宗师传人　李宝玉纪念碑。

**落款：** 邢台县武术协商委员会　会宁乡会宁村民委员会　公元一九九一年一月十日　立碑。

**碑阴面**

**碑文：** 李宝玉，讳景清，号香远，邢台县会宁村人氏，生于一八八九年，卒于一九六一年。自幼习武，先后从师于刘老瀛及太极名手郝为真门下，苦思苦练数十年，悟得真谛，练得真功，成为太极拳郝式门派一代宗师传人。十八岁后，随刘师于山西太原曾屡败各派武术名流，声名大振。一九三一年，率徒董文科赴南京打擂，将不可一世的英国大力士击败，灭洋人之威风，长华人之志气，国人无不为之而欢呼振奋。雄州雾列，俊彩星驰，李宝玉堪称壮国威兴华邦之雄州俊彩，当之无愧于铁中铮铮，英中佼佼之东方大侠。兴国术，灭洋威，壮体魄，强民族为李氏终生奋斗之夙愿。

谨以此文献于李氏，一为纪念爱国义士，二为弘扬民族之英风，使神州日益繁荣昌盛。

撰文　肖光辉

书写　李马　王金榜

石工　邢台市　张东　张小增　张增辰

图4-7　李宝玉纪念碑阳面

图4-8　李宝玉纪念碑碑文

# 第五章

# 武式太极拳第五代传承人

**本章导读**

武式太极拳第五代传承人可谓群星闪烁。除郝为真之子郝月如一脉弟子部分出生、学拳于中华人民共和国成立之前，其余多为20世纪四五十年代出生之人。这一代传承群体大部分在成长的青少年时期，即中华人民共和国刚刚建立时，练拳习武条件艰苦，困难重重。常言道：宝剑锋从磨砺出，梅花香自苦寒来！这一代传承人正是凭着对中华优秀传统文化的真诚挚爱，凭着对习练武式太极拳的不懈努力与追求，才成为今天武式太极拳传承队伍的中坚力量。由于编写时间与资料收集所限，加之部分传承人拳悟心得目前还没有公开发表，为此，笔者从郝式一脉众多第五代优秀传承者中挑选出几位代表，只列举摘录了郝月如之子郝少如的相关拳论，并沿着李逊之之子李池荫、徒姚继祖后续传承的这支根脉阐述，以飨读者。

## 一、郝少如

郝少如（图 5-1），名梦修，字少如，出身于太极世家，是郝为真的孙子。韶龄时，其对太极拳的精要拳理就能心领神会，并能付诸习练实践。1928 年，20多岁的郝少如跟随父亲郝月如到南京、上海授拳，上海、宁波、杭州当时名师林立，郝少如习拳授拳勤奋，太极拳知识渊博，不仅能正确解释王宗岳、武禹襄、李亦畬 3 家拳论中每一个字的要义，而且能将武式太极拳的精华招式演练得淋漓尽致，是表里俱精，理论

图 5-1　郝少如

与实践俱佳的一代名家。其太极拳理著作感悟颇丰，现从其公开出版的著述中收集汇编整理如下。[①]

### （一）太极拳的阴阳之理

#### 1. 什么是太极拳的阴阳

阴阳的原始意义是表示日光的向背：向日为阳，背日为阴。古人认为，太极是天地万物的根源，分阴阳二气，并描绘出太极图来说明宇宙的现象，表示阴阳对立面的统一体。古代哲学家将阴阳看作宇宙中通贯物质和人事的两大对立面，两者的相互作用是一切自然现象变化的根源，阴阳的交替是宇宙的根本规律。太极拳正是以这样的哲学方法论来概括、总结和指导拳术运动的。它要求人体的随意机能按照对立统一的辩证法进行运动，阴阳便是这项运动的灵魂。

人们总是希冀事物运动的变化发展能够取得圆满的结果。圆满，才能相对地完美无缺。太极拳要求人体的气势必须达于圆满、无角无棱、无懈可击

---

① 郝少如. 武式太极拳[M]. 北京：人民体育出版社，1992：2-8.

的境地，且在一举一动之际必须存在着阴阳两个对立面，随着运动的进行，两者不断互相作用、互相交替变化，使阴阳始终处在它们应处的地位，以符合运动的根本规律。太极拳艺的奥妙就在于：无论势法怎样变化，自己阴的方面始终不暴露给对方，使对方只能接触我的阳方，而得不到我的阴方，这恰如日光向背的道理，阴面始终不会被日光所照到。阴阳体现在内劲的含义上，又称为"虚实"。阴便是实，实便是阴；阳便是虚，虚便是阳。要使对方始终只能接触我之虚，而得不到我之实。以虚实体现太极拳艺的奥妙，能使人不知我，我独知人，达到人为我制，我不为人制的妙境。太极拳运用阴阳的无穷变化作为制人的方法，使拳艺奥妙无穷。不知阴阳，便不知太极。

### 2. 无极与太极及阴阳的分与合

（1）无极与太极。"太极者，无极而生，阴阳之母也。"王宗岳的经典拳论一开始就说得非常明白，太极是在无极的基础上产生的。然而无极表示什么呢？为什么太极必须在无极的基础上产生呢？

无极是表示事物的静止状态，没有阴阳之分；太极是表示事物的运动状态，有阴阳二气。静止与运动是相对的，因此阴阳是从无到有的，即由无极至太极。而无极虽然没有阴阳之分，却须是阴阳的混而合一体。太极拳必须在这样的静止状态下才能进行其特定的运动。习者在运动之前周身须达于通畅、饱满，而又连成一气的预动势，全身犹如静止的气球一般，周身达此状态，一动势才能分出阴阳，产生太极之劲。如果习者的周身处于散乱的状态，便不能进入周身一体的整装待动势，意识就不能对其产生高级的能动作用，太极运动便无法产生。这样进行的运动只能是外形的、散乱的和局部的，而不是整体的和内外统一的。所以没有无极为基础，就没有太极的诞生之地。

（2）阴阳的分与合。太极拳艺由于阴阳的运转而变化无穷。它由静止到运动（由无极到太极），再由运动到静止（由太极回到无极）。这样的动静过程是不断地往复循环的：一动则由无极产生太极，而分为阴阳二气；一静则由太极回到无极的状态，而阴阳二气合一，即所谓"动之则分，静之则合"。

太极拳运动始终遵循这一规律。

### 3. 阴阳的对立与统一

阴阳作为事物运动的两个方面是互相对立的。如果没有对立的彼方存在，此方本身也就失去了存在的意义。例如，虚与实、外形与内形、气势与精神、柔与刚、动与静等，都是互相对立着的。但是，阴阳的对立只存在于它们的互相依存和互相联系之中；反过来说，它们的互相依存和互相联系只存在于它们的互相对立之中。因此，阴阳两个方面既是互相对立的，又是统一进行、共同作用的。太极拳运动只有在阴阳的对立与统一过程中进行，太极拳艺才有其无穷无尽的生命力。欲求得阴阳的对立与统一，首先要在运动中求得阴阳的分清和相济。

（1）阴阳的分清。太极拳以内形为阴，外形为阳；精神为阴，气势为阳；柔为阴，刚为阳；静为阴（静是指运动时的一种心静神舒体静的状态，非静止之意），动为阳；在上者为阳，在下者为阴；在前者为阳，在后者为阴。对于左和右，以何处为阴、何处为阳，则必须根据实际情况，按照阴阳的原则而定。太极拳运动的阴阳现象虽然极为复杂，但毕竟有其基本原则和客观规律可循。

既然阴阳是太极拳运动中矛盾着的两个对立面，那么内外也是阴阳对立的另一种表现形式。有内则必有外。外动是依人，内动是由己。动中又须心静，动中有静，才能动而不慌不乱。动者是气动，是以气推形。气分阴阳，阴者精神贯注，阳者气势腾挪。气分阴阳，太极拳就有了物质运动的源泉，而"取之不尽，用之不竭"。太极之劲既有柔性，又寓刚性。柔而不成无物，刚而不成硬力。如果阴阳不分，便成双重。双重是以先天自然之力去运动，而无灵活变换的余地，势必呆板、滞重，故谓"双重则滞"。

在分清阴阳的同时，又必须注意阴阳之间的均衡。能做到阴阳相等，就能达到不偏不倚的平衡，即所谓"立如枰准"和"不丢不顶"的对等。阴阳不相等，必至偏沉；劲力会随之一边倒，出现丢顶的现象，即所谓"偏沉则随"（此随非顺随得力之意）。只有做到阴阳既对立又相等，才能谓之阴阳分清。

因为太极拳是人体周身的整体运动，所以周身须节节有阴阳、处处有虚实，并随时随处都充满阴阳对立的现象，即所谓"太极即是周身，周身即是太极"。

（2）阴阳的相济。做到了阴阳分清之后，再将二者统一在一起共同发挥作用为阴阳相济。拿内形与外形举例：两者虽是对立的，又是互相联系着的，并始终不能脱离。所以只有当内外形运动达到辩证的统一时，内形所产生出来的虚实之劲才能贯串在一举一动之中。再以精神与气势为例：精神须支撑气势，反过来气势又须包围精神。这样，气势能达于腾然；精神便不致外漏，乃能内固精神而外示安逸。精神为刚，气势为柔；柔中寓刚，便能达于柔而有物，刚则不露，乃劲富于弹性。

总之，阴阳必须互相包含，互相渗透，互相贯通，互相合作，才能做到所谓"阳不离阴，阴不离阳，阴阳相济"。

### 4. 阴阳的转化

当阴阳能够既对立又统一地发挥作用时，在阴与阳之间也就有了一条由此及彼、可以互相转化的途径，虚可以转化为实，实也可以转化为虚。虚实能互相转化，因敌变化的神奇妙艺才有攀登的阶梯。人不知我，我独知人；人为我制，我不为人制之境，皆由此而及至。

无论是走架还是打手，虚实之间必须时刻随着情况的变化而不断地转化。走架时，须根据姿势的变换而转换虚实；打手时，须根据对手的虚实而变化自身的虚实。比如，我在演练"左懒扎衣"式时，左手在上、在前为虚，右手在下、在后为实；左腿在前为虚，右腿在后为实。当用此式打手时，对方挨在我何处是没有一定的，必须根据对方的来劲，变化与其接触之处的虚实；彼触我何处，何处即分阴阳，粘连黏随，顺随制之。若我的"左懒扎衣"需要改变为其他的势法，这时上下左右前后的虚实，就必须根据步法和手法的变换而相应地转化。若变为"右懒扎衣"式，那么右手在上、在前为虚，左手在下、在后为实；右腿在前为虚，左腿在后为实。

虚实的转化全在内而不在外；由内才能及外，即所谓"劲由内换"。能转化，练熟之后虚实之间便能转换自如，不论前进后退、左转右旋，无不得力，进而使太极拳艺到达神奇巧妙的境地。

## （二）掌握太极拳理的基本要点

### 1. 正确地认识和理解太极拳的阴阳之理

太极拳运动包含着物质世界运动的特殊性和普遍性。

太极拳运动必须由人体内外物质的统一运动来实现，这是它的特殊性。然而，由于物质世界的各种运动又都具有普遍性规律，在太极拳的特殊性中也有普遍性的存在。比如，阴阳两方面的对立与统一，以及两者间可以互相转化等诸多规律都是带有普遍性的。这些普遍性又富于特殊性之中，并通过其特殊性概括、总结表现出来；反过来，普遍性又起着指导特殊性运动的作用。如此，两者的辩证统一便构成了太极拳的阴阳之理。

太极拳的阴阳之理是从实际的太极拳运动中概括和总结出来的，它揭示了这一运动的本质特征及其根本规律。习练太极拳，就必须在太极拳理的指导下去研究认识这项运动的特殊性，并认识和把握事物运动的普遍规律，从而正确地驾驭太极拳理，获得精湛的太极拳艺。

### 2. 必须通过实践掌握太极拳理

太极拳理是指导实际运动的理论依据，是行工（功）实践的指南，是求得太极拳艺的唯一途径。然而，这些理论是他人从实践中概括和总结出来的，所以对于读者来说难免有一定的抽象性和间接性。

当然，要想一接触太极拳就能对太极拳之理产生正确而又深刻的认识和理解是不可能的。只有通过不断地行工（功）实践，不断地揣摩太极拳理，才能在感性上真正地提高认识和加深理解。而读者在对太极拳运动有了一定的感性认识时，也就能够加深对太极拳理论原则的理解。

习练太极拳既要用理论来指导实践，又须使实践符合理论原则。只有达到两者的高度一致，才能驾驭太极拳艺。只有在具体的实践中学会运用理论，才能将抽象和间接的理论知识真正地消化，将其变为自己所掌握的本领，使理论与实践得到统一。这样，才能从根本上掌握太极拳艺。

总结理论是为了指导人们正确地去实践运用，而掌握理论的关键则在于习者自己的不断实践。

## （三）武式太极拳行工（功）须知

### 1. 意与力

太极拳要求"用意不用力"，无论是走架还是打手，每一举动都必须用意来指挥，以意去求其精微巧妙，切不可用力。然而什么是意？怎样用意？为什么要用意不用力？"力"指的是什么？这些问题习者一定要弄明白。

所谓"意"，是指习者的大脑，对于太极拳的理论原则及其具体的行工（功）实践要求通过思考后，所产生的认知结果在思想意识中形成的意识要求。习者有了这种意识要求后，在行工（功）实践时必然会以这种意识要求去求达感性的认识，使自身的运动按照太极拳的理法要求进行。习者在这种运动过程中的感觉、思维和想象等各种心态活动的总和统称为"用意"。

当太极拳的理法要求作为在行工（功）实践中所要取得感性认识的结果，预先在习者的头脑中形成了意识观念时，习者在行工（功）实践的活动中必然会以这种意识观念来支配自己的行动。所以，这种意识观念的活动在由习者的思想器官通过高级神经系统发生作用时，就会使人体的随意机能实现习者的意识要求。太极拳能够通过人的意识要求对随意机能产生作用，使人体进行极其精微复杂的运动，这是人类特有的意识对人体所具有的高级能动作用的结果。

所谓"用意不用力"之力，指的就是没有这种意识参与的运动结果。这种力没有意气虚实之分，用力过程简单而缺乏变化，且容易暴露自己的意向，使对方有机可乘。

太极拳之所以提出用意不用力的原则，就是要通过人的意识的正确活动，将先天自然用能的习惯转变为精微巧妙的内劲。诚然，对于初习者来说，由于对太极拳的理法尚不能正确地理解，意识还不能发挥其巧妙的能动作用，因而身不能由己，于是意气跟不灵，行动不听使唤。这些现象在初习太极拳的过程中是不可避免的。只要习者弄清原理，明白规矩，循于原则，一举一动善用意，不断地研究揣摩，就能不断地提高意识对随意机能的支配能力，由"用力"渐至"用意"。久练之后，自然能达到意到、气到、形到，即所谓"意、气、拳"三者的统一。熟能生巧，日久功深，那时周身节节处处皆能听从自己的意识指挥，以致达到说有即有、说无即无、随心所欲的境界。

### 2. 空松圆活

当太极拳练到较高级的阶段时，身体会产生悬空般的高大之感，全身好似一个庞大的气球。有了这种感觉，便可达到行气自如、活似车轮的境界。欲达此境界，必须先研究揣摩"空松圆活"。

"空松圆活"虽只有四个字，然而要真正理解个中含义并准确地体现它却不是一件轻而易举的事。这四个字一字有着一字之法，一字有着一字之用；四字之间又是互相联系的，连贯起来就有妙趣。习者要按其道而行之，一字一句，悉心体验，施之于身。

根据四字之间的关系，以下从"空与松"和"圆与活"两个方面来阐述。

（1）空与松。太极拳运动不可只讲"松"，片面地追求大松特松，没有"空"的存在，再松也无法进入太极拳的高级阶段。要使身体的肌肉、关节松开比较容易，但要达到"空"的境界却很难。因此，必须在"空"字上下功夫。

在太极拳运动中，"空"与"松"必须分清，但又不可舍弃任何一方，这两者之间既是互相对立的，又是互相依赖、共同作用的。如果一味地追求"松"而没有"空"的依存，必然会产生"丢""塌""散"的弊病，这样松的结果无法产生巧妙的作用，是太极拳运动的一忌。反之，如果一味地追求空而没有松的有机配合，又必然导致空而无物，即只有主观上的幻觉，而没有客观上的变化，这样的运动也无所作为。习练太极拳必须求达于意识和物质运动的统一，而不能使意识成为物质运动以外的幻想。因此，欲"空"必有"松"，欲"松"必有"空"，达到二者间的有机结合，才能实现行气运劲的目的。单一地求松或求空，都违背太极拳运动辩证法的原则。

平日行工（功）走架，必须认真细心地揣摩"空"与"松"的意境。欲使肌肉骨节松开，思想上则要有"空"意；欲空时，思想上则要有"松"意。这样练久之后，才能达到"空"与"松"的对立统一。迈出了这一步，才有希望踏上太极拳高级阶段的阶梯。

很多初习者练拳，未尝举手思想先紧张，随之肌肉骨节也紧张了起来，继而感到周身僵硬、行动不便。要使动作不紧张，首先要从思想上做到舒松自然，时刻不忘用意不用力的原则，做到心静体舒。久而久之便能达到"空"而意向上升，"松"而气向下沉，肌肉与骨骼有分离之感。接下来便可以求达"圆活"之趣了。

（2）圆与活。练习太极拳要达到活的境地，气势必先圆满。至圆才能至活；圆是活的基础，所谓"圆则活，方则滞"。要踏进圆活的境地，必须掌握"气势"和"八面支撑"。

气势是由人体内在的功夫所决定的。气势的大小是衡量一个人太极拳功夫深浅的重要标志，气势越大则功夫越深，即所谓"太极拳不在样式而在气势，不在外面而在内"。习者平日里进行行工（功）实践，对于气势的追求是不可忽视的。而追求气势的基础条件便是驾驭"空""松"的能力，圆活是离不开"空""松"这个先决条件的。如果习者的肌肉骨节还未达到一定程度的"空""松"要求，"圆活"也就无从企及。而达到了"圆活"的要求，"空""松"才能极尽其妙。

既然气势要求圆满无缺，那就必须限定一个范围，而不可任其漫无边际地散失。有范围，就必然有其中心和边缘。习者在平日行工（功）时，就要设想一个能够听从意念支配的、以腰为中心的气势范围。在运动中，时时刻刻都要尊重这个范围，一举一动既不可超越其边缘，又不可不及其边缘。这样，气势便能趋于无角无棱、无有缺陷的饱满境地。

气势的边缘离中心越远，则气势越大。气势要由精神来支撑。精神能支撑八面，气势才饱满而不萎屈；反过来，气势又须包围精神，才能使精神不外漏。达此要求，气势便臻圆满，神气始能鼓荡。

在精神支撑八面时，必须以腰为中心，用意产生八条线去向八个方向支撑；八条线必须线线相等，气势才能圆满。如果这八条线长短不齐，气势便会出现凹凸。所以，习者在求达精神支撑八面的同时，又必须使之八面相等。

习者平日行工（功）走架，必须重视气势和八面支撑的关系。起初未能领悟而不能由己，须悉心体认，日久便能施之于身。开，是气势的放大，必须以腰为中心向八面推动；合，是气势的缩小，必须以腰为中心收缩这八条线。无论是气势的放大还是缩小，气势的边缘永远是被动的。主动在腰，腰为主宰。

掌握了上述要领，气势便无散漫之病，不论前进后退，左转右旋，一举一动，周身气势圆满而不失气球之理。与此同时，两手在一举一动之际，与两胸之间也就有了圆动之势。

有圆，必有活。活的动力在内而不在外，外随内动，劲无断续。动者，为气转动，而非形之动。周身成为一家，气自然能遍及身躯，于是能八面转换而旋转自如，我意欲往何处，气即能行往何处，意气自然能达到物来顺应的境界。至此，不论向前向后，向左向右，向上向下，屈伸开合，一举动气便能运行转换自如，而活就在其中了，正所谓"气如车轮，活似车轮"。

### 3. 折叠之术

折叠由对立双方的相合统一而构成，在有上即有下、有下即有上、有前即有后、有后即有前、有左即有右、有右即有左的过程中产生。折叠不仅包含着内劲上的运动内容，还包含着身法上的组织内容。

折叠体现在内劲的运行上，意欲往上时，即寓有下意，且意欲往上多少，则寓意向下多少；意欲向下时，即寓有上意，且寓意向下多少，则寓意往上多少。不论向前向后、向左向右，都是如此。此即折叠之术。

在身法上，折叠要求有四正与四斜之分。四正者，两肩与两胯正对相合，即左肩与左胯正对相合，右肩与右胯正对相合，且左右的上下对合必须相等。四斜者，即左肩与右胯斜线相合，右肩与左胯斜线相合，并且四斜的对合也必须相等。

达到了四正和四斜的折叠要求，就能以脊柱为中心，使身体的左右两半对合相等。此时，身体便能保持稳定而不致乱动，各条身法的依存也就有了根本的保障。

### 4. 转换之法

太极拳的转换，即为阴阳虚实之间的互相转化，有其独到之法。习者若能把握住它的法则，就等于在太极拳艺难以逾越的鸿沟上架起了一座桥梁。

阴阳虚实之间的分清和转换，关键之处在两个腰眼之间。转换时，命意源头在腰隙。向左转时，左腰眼微向上抽，用右腰眼托起左腰眼，而左胸须虚空；向右转时，右腰眼微向上抽，用左腰眼托起右腰眼，而右胸须虚空。迈左步时，左腰眼微向上抽，用右腰眼托起左腰眼，而右腿实股须精神贯注，左腿则气势腾挪；迈右步时，右腰眼微向上抽，用左腰眼托起右腰眼，而左腿实股须精神贯注，右腿则气势腾挪；退左步时，左腰眼微向上抽，用右腰眼托起左腰眼，而右腿实股须精神贯注，左腿则气势腾挪；退右步时，右腰眼微向上抽，用左腰眼托起右腰眼，而左腿实股须精神贯注，右腿则气势腾挪。两个腰眼总须一上一下，一虚一实，以实托虚，虚与实又要相吸相依。阴不离阳，阳不离阴，阴阳相济，共同作用，乃能互相转换。虚可以转换为实，实可以转换为虚。须切记"劲由内换"的原则，虚实的变化全在内而不在外，由内才能及外。在内则能转换而不露形迹，达到人不知我、我独知人的境地。形随意动，步随身换，由内及外。

### 5. 三虚包一实

三虚包一实，是武式太极拳掌握虚实关系的特定方法。

在太极拳运动中，虚实是普遍存在着的，即所谓周身处处有虚实。虚实反映在太极拳运动中的形式虽极为复杂，却有一定的原则可遵循，如上虚而下实，前虚而后实；左虚则右实，右虚则左实。以两手与两腿间的关系而论：两手在上而为虚，两腿在下而为实。以两腿间的关系而论：若左腿为虚，则右腿为实；若右腿为虚，则左腿为实。所以两手与两腿之间的总关系则是三虚与一实的关系。若左腿为实，右腿及两手相对为虚；若右腿为实，左腿及两手相对为虚。虚者，须气势腾挪；实者，则精神贯注。精神为实不可外漏，气势为虚而必须包围精神。所谓"三虚包一实"，即两手与一条虚腿总须有包围一条实腿之意。

太极拳理要求气势必须包围精神，使精神不外漏；反过来精神又必须支撑气势，使气势不萎屈。所以在求达于三虚包一实的同时，又须注意发挥精神对气势的支撑作用。这样便能达于虚中有实，实中有虚；实而不露，虚而非丢、塌、散，方能循于太极之理。

### 6. 五张弓

太极拳有"蓄劲如张弓，发劲如放箭"的论述。

太极拳根据人体的生理特点，将人的整个身体分别看成五张弓：身为主弓，两手臂和两腿为四张辅弓。蓄发时，四张辅弓必须在主弓的统率下进行有机的统一行动，以达到周身之劲完整一气。但是，人体与真实的弓毕竟有着本质的区别。习练太极拳必须靠意识的支配来获得"张弓"和"放箭"的效果，实现借力打人的目的。

（1）主弓。武式太极拳以人体脊柱骨为主弓，大椎与脊骨根上下两端为弓梢，腰脊（命门处）为弓把。这张弓上联两手，下联两腿，而腰脊为联系上下四张辅弓的中心枢纽。

习者平日行工（功）走架时，要以腰脊为中心，并以中心为界——自腰脊往上，要做到拔背的身法要求；由腰脊向下要用脊骨根托起丹田（小腹），达到吊裆的身法要求。同时，锁项与丹田要有相吸相系之意，犹如装上了弓弦一般；而作为弓把的脊背，则必须敛气。这样就能使主弓产生内聚之劲，宛如一张富于弹性的弓，通过蓄劲运动而产生内聚之效果。

主弓在蓄发时，切莫弯腰、驼背。作为弓把的腰脊位置绝不能后移。腰脊后移，势必会失去其中心地位，形成偏沉之状，以致既无法敛气，又不能发挥其主宰作用。相反地，腰脊要有向前移动之意（本是腰脊的内在运动，而非指腹部挺出）才能位居中心，行使其全身之主宰的权利，产生张弓放箭的效果。"蓄劲如张弓，发劲如放箭"皆在用意，而不在于用形。张弓是以意代形，是求其劲而非求其形；在内而不在外。

拔背，是意向上升，而气须下沉贴背收敛于腰脊，所以拔背不是驼背。驼背无法收到拔背的效果。

（2）手弓。手弓有两张，分别以同侧的手和肩做弓梢，肘为弓把。蓄发时，两手与两肩要有相吸相系之意，犹如装上了弓弦一般；作为弓把的两肘，则要有下沉之意。

（3）腿弓。腿弓也有两张，是以同侧的胯和足为弓梢，膝为弓把。蓄发时，两胯与两足要有相吸相系之意，犹如装上了弓弦一般；作为弓把的两膝，则要有上提之意。

（4）五弓合一。欲求"蓄劲如张弓，发劲如放箭"，则一身必备五张弓，缺一不可，而且必须做到五张弓的统一与合一。统一者，一弓张之则其余四弓无有不张，一弓放之则无有不放，一弓停之则无有不停。合一者，以主弓为统帅，一身之劲犹如一张弓，由脚而腿、而腰、形于手指，达到完整一气。能完整一气，劲才能集中往一处使。蓄为吸，发为呼。盖吸则自然提得起，亦拿得人起；呼则自然沉得下，亦放得人出。此仍离不开五弓合一之妙。

所以，习者平日行工（功）走架时，一动势必须问问五弓是否俱在。五弓合一，主宰在腰；弓中要有弹性，方能蓄发。走架即打手，打手即走架，两者理唯一贯，紧要全在蓄劲。一身之弓张得绝，一身之劲便能发得妙。

### 7. 太极拳的呼吸即"蓄发、开合、收放"

太极拳的"呼吸"两字，是前辈对"引进落空、借力打人"技艺所做的一种特定比喻，与人的自然呼吸在概念、性质、作用和内容上是截然不同的两回事。然而，这两种呼吸同时在习者身上运行，不进行细致的分辨、体认，很容易误解，不少人因此误入歧途。

习练太极拳首先要明白什么是人的自然呼吸，什么是太极拳的呼吸。将它们的运动区别开来，才会在行工（功）实践中逐步掌握太极拳的呼吸之道。

人的自然呼吸是为了维持生命而进行的吸入氧气、呼出二氧化碳的运动。这是一种由口鼻、咽喉、气管、支气管和肺等器官所组成的呼吸系统来完成的，能够昼夜不停地按照一定的频率和深度进行的，是有节律、无须意识控制的自行运动。而太极拳的呼吸则是根据其拳艺的需要进行的、受人意识控制的被动运动，这种呼吸的运行仅出现在太极拳的运动时。之所以用"呼吸"来比喻这一运动过程，是因为其拳艺与自然呼吸的规律一样：自然界——向对手去借力时，恰如吸进空气一般吸进彼的劲力；然后将吸进的彼力转化为打人的妙劲，同呼气一般呼放出来还给对方。将吸进之力转换为呼出之劲，遵循着客观事物运动的规律，这便是太极拳的呼吸之道。"吸"即为周身气势的收小，为周身之劲的储存、聚蓄的"蓄劲过程"；"呼"即为周身气势的放大，为周身之劲的撒放、聚发的"发劲过程"，所谓"吸，为合为蓄；呼，为开为发。合，即是收；开，即是放"。所以，太极拳的"呼吸"两字是指"蓄发、开合、收放"，而与人的自然呼吸大不相同。

习者能够使随意机能的运动变化与这种"引进落空，借力打人"的特殊运动方式相适应，是自身的意识对训练有素的随意机能进行支配的结果。没有意识活动的参与，就没有太极拳的呼吸。

在太极拳运动中，有"气沉丹田、行气、运气、气腾然"等提法，这里所讲的"气"是指习练太极拳达到一定水平时，人体随意机能所生发的一种自身感觉，而非指呼吸的空气。不要将这种特有的气感与口鼻出入的空气混同起来。

在练习太极拳的过程中，人的自然呼吸必然会随着人体运动的代谢需要而发生变化。这就使两种呼吸形式并存。太极拳要求周身练成一家，全身的先天之力须改变为有机统一的太极之劲。身法是完成这一步骤的关键环节，它是组织内形、产生内劲的基础。做到了"气沉丹田"的身法要求，就能使人体重心自然下降，自然呼吸也随之成了深呼吸运动状态。这是太极拳运动促使自然呼吸状态所发生的变化，与人们平日所做的其他有意识的深呼吸运动不同。

正由于太极拳运动能够促使人的自然呼吸成为深呼吸状态，不少习者便产生了"气沉丹田是对人的自然呼吸的要求"的曲解，并误认为，只要通过人体腹部（上腹或小腹）做局部的突出、收缩，这类深呼吸运动便达到了太极拳气沉丹田的身法要求。而事实上绝非这般简单。太极拳运动绝不允许人体腹部有任何形式的局部突出或收缩的外形运动，而必须通过周身随意机能内在的有机配合与有机统一，才能达到"气沉丹田"的身法要求，即太极拳所产生的这种深呼吸状态必须在做到"尾闾正中、含胸、护肫、松肩、吊裆"等身法后，并且通过存养含蓄、达到"气沉丹田"的身法要求时才能形成。所以说，做到了一般的深呼吸运动状态，绝不等于做到了太极拳的气沉丹田的身法要求；而做到了太极拳的气沉丹田的身法要求，人的呼吸自然会成为深呼吸状态。这是由于一般的腹式深呼吸运动不受这些身法要求的制约，自然也就收不到这种运动所产生的特殊效果。气沉丹田是太极拳对其身法的特定要求，而非对人的自然呼吸的要求。太极拳运动所出现的深呼吸运动状态是随着习者身法的形成而产生的，无须习者的意识去控制，但是身法的实现必须依靠意念才能求得。

人的呼吸会自然吻合人体各种运动的代谢需要，无论在什么情况下，呼吸系统的调节机能都会做出相应的，并且是本能的选择和反应。在做太极拳的蓄劲运动时，人的呼吸会自然地处在吸气状态；发劲时，则会自然地处在呼气状态。这只是一般开合蓄发情况下的同步呼吸状态，因为人体的自然呼吸频率是不能满足太极拳做深长而持久的开合运动时所需要的氧气量的。所以，二者的呼吸频率并不是一直同步的。前者的呼吸频率和程度是随着人的机体活动对氧气的需要量而变化的，并受肺活量的限制，在吸气时不能呼气，呼气时不能吸气；而后者的呼吸频率和程度则是根据太极拳运动的需要而变化的，不仅可以吸了还能再吸，呼了还能再呼，而且可以同时做到吸中有呼（合中有开）、呼中有吸（开中有合），所谓"如长江大海，滔滔不绝；取之不尽，而用之不竭"。所以，如果用控制自然呼吸的频率之法来求达与太极拳开合运动相一致，不仅无法获得太极拳艺，对人体的健康也是不利的。

太极拳的一举一动，紧要在于身法的正确与否。身法是实现太极拳艺的保障，而且人的呼吸系统会自然地随着身法的作用而发生变化。周身能空松，劲才能沉得下，而胸腔打得越开，肺活量则越大，而呼吸得越深。这是自然而然的，无须人为地去改变其频率与深度。太极拳的一举一动绝不注意人的自然呼吸，更不主张用呼吸系统的运动来支配太极拳的开合运动。对太极拳的呼吸之道必须时刻留意掌握。

## （四）武式太极拳行工（功）走架要言

平日行工（功）走架，必须先静下来。心静，思想意念才能集中。思想意念集中了，才能专心致志地行工（功）实践。能专心致志地行工（功）实践，一举一动则能追求太极拳的理法，从而能按照其理法进行。这样，意识便能逐渐地发挥其高级的能动作用，每一举动皆能用意来支配，则动而不慌不乱，既能达于全神贯注，又能使神舒而体静。由意动，既而形动，久之便能做到以意行气，以气推形，所谓意、气、拳架三者的统一，故要做到心静。

身法宜先熟练，然后才能将气存养含蓄而不使上浮。气往下沉，而两肩犹须松开，肩不松，则气不能往下沉。气往下沉，又必须同时含胸，胸不含蓄，则气不能达于丹田，但含胸时必须注意不能成为凹胸。在含胸的同时，又必须做到护肫、吊裆的身法要求。因为不护肫，则腹不能达于松静饱满，气势也便不能腾然，竖尾亦无力；不吊裆，则气不能达于存养。这些身法要求能够做到，气就不会上浮，故必须练熟身法。

手法必须达于气势腾挪，要贯于手指。松肩，必须寓意在两肘之下；沉肘，必须寓意在两手掌之下，乃能贯于手指。两手与两胸总须有相系相应之意，而支配在两胸，并且须有圆活之趣。若能达于此要求，两手便无散漫乱动之势，胸中亦便能运化。

两腿必须求其得力。欲要使两腿得力，两胯便不可倒，不可左右凸出，亦不可用力，必须以意将两胯松开竖直。两腿既要分清虚实，又必须裹裆，使两腿统一成如同一条腿，但必须注意：裹裆是用意，而不能用形。迈左步，左胯微向左上抽，用右胯托起左胯；迈右步，右胯微向右上抽，用左胯托起右胯。实非全然占煞，必须精神贯注；虚非全然无力，气势必须腾挪；虚中有实，实中有虚。劲由内换，迈步须如履薄冰，则步法无不得力而又轻灵。

平日行工（功）走架，一举一动既要沉着稳妥，又须轻灵自如。若能到此地步，则周身便无散漫乱动之处。既要提起全副精神，又不可精神外漏；既要全神贯注，又必须做到潇洒大方，即所谓"内固精神，外示安逸"。周身上下和内外既要做到衔接相系相联，又要求达于开展。行气、运劲、转换和开合的变化，全在内求而不可在外。习者必须切记：练习太极拳，必须求达于内形的变化来指挥外形的运动；没有内形支配的运动，就不能称为太极拳。

走架时，每一拳式必须分"起、承、开、合"四个字，并且要一字一问，做到一字有其一字之味，一字有其一字之用。但是，四字之间又不能截然断续，必须做到连贯自如，不能呆板，要开中寓合，合中寓开。

平日练习走架，要学会知己的本领。一动势必须问问自己有何不够或者有哪些要求不合度，能这样行工（功）实践，便能即刻进行更改，不断纠正自己的走架，不断进步，直至攀登太极拳的高峰。走架时必须注意一个要点：走架的速度要慢。习者在走架时，要想不断地发现自己的不足和错处，求得意气的正确行使，走架的速度就必须相应放慢。太极拳不是练求形快的拳术，而是练意气的变化，练内在的太极功夫，所谓"彼手快，不如我意先；彼力大，不如我气敛"。但是，走架的速度又不可过慢。慢到极处，会产生断续之状，容易形成呆滞之弊。

## （五）武式太极拳的主要特点

武式太极拳，是严格按照太极拳运动的规律，处处遵循其理法原理而形成的一派太极拳，具有完整丰富而又邃密细腻的理法。其主要特点是："以求太极（内形）为主，走内劲，以意行气，炼精、气、神三者合一。"

武禹襄、李亦畬所传下来的太极拳套路，本来有五十三势。先父（郝月如）根据先祖父（郝为真）的总结，将这五十三势的每一势均用"起、承、开、合"四个要领贯穿始终，发展为现在的九十六势。因此，武式太极拳的每一势都分起、承、开、合四个字，所有的动作都是按起、承、开、合的节序来编排的。

武式太极拳不仅以起、承、开、合四个要领贯穿始终，而且在身法、步法、手法上，都严格遵循太极拳的原理。其身法以中正为基础（在前进、后退、左转、右旋时，必须始终保持躯干的中正），以尾闾正中为基础，强调由内及外；步法上严格分清虚实，以正中为前提，变换时强调完全用内劲而不允许依靠身体的前俯后仰、左右偏倚，或者身体的起伏（除下蹲及跳跃动作外）来借力，因而对腰腿的要求极高，运动量也颇大；手法则以竖掌为主，出手不过足尖，左、右手臂各管半个身体而不可随便逾越。在整套动作中强调身法、步法、手法三者的有机配合与统一，强调内外一致，并以内形的变化来支配外形的运动。

武式太极拳艺的特点是"因敌变化，借力打人"。以"引进落空，四两拨千斤"为原则，用意气的变换来支配。其强调走内劲而不露外形，变换而使人莫测，追求"人不知我，我独知人"，渐达"人为我制，而我不为人制"的神奇境界。

## （六）武式太极拳身法的重要性

太极拳作为一种特定的人体运动，对参与运动的躯干、手臂和腿部有着特定的要求和法则。这些要求和法则，便是身法、手法和步法。后来，先父（郝月如）经过总结，将这些身、手、步法概括为十三条，作为武式太极拳总的"身法"原则。它们是含胸、拔背、裹裆、护肫、提顶、吊裆、松肩、沉肘、腾挪、闪战、尾闾正中、气沉丹田、虚实分清。所以"身法"一词在太极拳中，有时是作为身、手、步法的统一体来说的。

太极拳艺是在身法的基础上建立起来的。"身法"是组织内形、产生内劲的关键环节，所以身、手、步必须按照太极拳的特定要求进行运动，才能做到相互间的协调配合，达到以内形来支配外形的目的。

因为身法在太极拳运动中有着特殊重要的地位，所以在武式太极拳的历代传习过程中，都将身法的教学和习练作为一个至关重要的阶段来对待。

武式太极拳对身法的要求严格而细腻，习者必须在长期的行工（功）实践中求得身法、手法、步法的准确、自然与有机配合，才能逐渐使自己的一举一动皆能合乎法度。

## （七）习练武式太极拳的基本过程

练习武式太极拳必须严格地以太极拳的原理来指导自己的实践活动。在实践中，逐步把握太极拳的运动规律，"由着熟而渐悟懂劲，由懂劲而阶及神明，然非用力之久，不能豁然贯通焉"。习练太极拳的过程，大致可分为三个主要阶段。

**第一阶段：学习拳架**

俗话说"高楼万丈平地起"，习练太极拳就像盖高楼，基固方能楼高。学习拳架，是练习太极拳的第一阶段。初学拳架时，恰如初学写字一样，一笔一画要规规矩矩。要着重把握动作姿势的端正、准确，掌握整套架子的动作姿势、运行路线和方向。在力求每一个动作姿势端正的基础上提高熟练程度，身体力求基本中正，将走架的基础打好。切忌拳架还未学就，便急于求其精妙，这种跳序而进的治学方法，必将欲速而不达，且极易步入歧途。

**第二阶段：学习身法**

在熟练拳架的基础上，才能进行身法的学习。

因为身法是内形的基础，是练好太极拳的关键一环，所以它是武式太极拳最基本，也是最重要的法则。如果脱离了身法的基础，获得太极拳艺便成了一句空话。

然而，要掌握好身法绝不可能一蹴而就，应先选择最基础的一两条身法进行练习，待有了一定的基础之后，再循序渐进地逐步增加，直至全部掌握，并将它们连成一体。

在身体中正的基础上，身法应从求尾闾正中练起，将含胸、拔背、裹裆、护肫、提顶、吊裆、松肩、沉肘和虚实分清等法则，一个一个地逐渐掌握，再求腰脊敛气，使气注于腰间。脊骨之气能够注于腰间，一身便有了主宰。一身能有主宰，身、手、步法才能连成一体。能连成一体，全身的肌肉骨骼才能达于灵活协调，进而再求掌握行气运动的本领。

**第三阶段：学习内劲**

太极拳艺的精湛，在于恰到好处地运用人体力学。这种力学的产生，关键不在外面而在内，必须由内在的变化而产生奇妙的内劲。平日行工（功）走架，一举一动必须由内及外，求达内外的相合统一。

学习运用内劲，必须先学习掌握意气的变化和运用，实现以意行气，以气运身，用内形来指挥外形，使内外相互结合。

平日行工（功）走架，须研究揣摩空松圆活之道，气势需求饱满，神气鼓荡，并在八面支撑上下功夫。周身需求节节贯串，无有断续之处，才能达于行气如九曲珠，无微不到。意气先要能分得开，然后才谈得到能以意行气。气须存养含蓄不使上浮，而腹尤须松开，脊骨之气必须通过脊骨根朝前运动，由丹田往上翻之，气势始能腾然。达此境界，就能以意行气，以气运劲而遍及周身。一举一动由意动，始而气动，既而形动，练成意、气、拳三者合一。由外形至内形，由气粗至气精，渐至周身若气球一般，不论前进后退、左转右旋，皆无有凹凸。到此地步，内外合一而无内无外，无粗无精，说有即有，说无即无，浑然皆忘；一举一动自然已到臻圆融妙的境地，而不知手之舞之、足之蹈之。

## （八）武式太极拳打手的基本练习方法

### 1. 关于打手的说明

"打手"即"推手"。"打手"一词，是先辈太极拳师所惯用的。本书仍沿用"打手"一词，而不用推手的原因在于太极拳艺并非凭借两手的推力所获及，太极拳艺能使人抛跌的花样繁多，是"推"字难以概全也体现不了的。相比之下，打手的含义较广泛、确切。

### 2. 打手的基本练习方法

武式太极拳练习打手的方法有两种：活步打手和定步打手。

武禹襄、李亦畲二人传授下来的仅有活步打手一种。其步法是进步三步半，退步三步半：第一步、第二步前进时，进步的一足都踏在对方前足的外侧；向前迈第三步时，则要踏在对方裆部的中间；第四步则后足移至前足跟旁边，以足趾虚点地，称为半步，前进之足无论踏在对方的外侧或裆部中间，都应略贴近对方的前足。在一条直线上我进彼退、彼进我退，上边运用"掤、捋、挤、按"四手进行周而复始的活步打手练习。

为什么只采取活步打手，而不用定步呢？原因是活步打手可以灵活运用而没有呆滞之弊；既可以通过步法的虚实变换而掌握劲由内换的方法，又可以培养"粘连黏随，不丢不顶"的打手基本功。活步打手因为在运动时经常得以保持中正稳定的姿势，所以在运动中既能做到用粘、连、黏、随控制对方，又能寻机发劲。待练熟之后，便能达到古人所说的"行、止、坐、卧都是练拳"的境界。

习者开始学习活步打手时，既要顾及手法的运动，又要顾及步法的运动和身法的要求，常常顾上而顾不了下，顾下又顾不了上，感到身不由己，难学、难练。为便于习者逐步掌握打手方法，我教授了定步打手。定步打手的方法仍运用"掤、捋、挤、按"四手，唯不动步而已。待上面这四手熟练之后，再逐步转向活步打手的练习。

无论是活步打手还是定步打手，习者都必须认真地对待"掤、捋、挤、按"四手的练习。因为这四手是练习"粘连黏随、不丢不顶"的最基本方法，初习打手必须在此处狠下功夫。彼挨我何处，我心就要用在何处；身法必须中正而不偏不倚；精、气、神要贯注于两膊；练习活步时，必须求达于上下相随而协调。照此习练，日久便能求得"粘连黏随、不丢不顶"的基本功夫。当能做到得机得势、舍己从人和知己知彼时，"引进落空，借力打人"的技艺也就随之而得了。正如王宗岳的《打手歌》所阐述的："掤捋挤按须认真，上下相随人难进。任他巨力来打我，牵动四两拨千斤。引进落空合即出，粘连黏随不丢顶。"

## （九）武式太极拳走架与打手之间的辩证关系

太极拳的走架与打手之间有着密切相连的关系。

太极拳能否达于"人不知我，我独知人；人为我制，我不为人制"的奇妙境地，关键在于能否做到知己知彼。平日练习走架，是为了求得知己的功夫；平日练习打手，是为了求得知人的功夫。能知己，然后才能知彼。要获得太极拳艺，就必须先从练习走架开始，待掌握了一定的太极拳运动原则，有了一定的运动基础后，才能进行打手练习。

与人打手，紧要全在对自己的安排与变化。走架即练习安排自己的本领，练习打手即求得因敌变化的本领，平日走架的正确与否对于打手的成败是至关重要的。打手的成功建立在走架的基础之上，所以习者必须严肃认真地对待走架基本功的练习；先将安排自己的本领学会，再学习知人的本领——打手。忽视了走架作用，就无法获得太极拳的精妙艺术。

走架的目的在于运用，所以平日行工（功）走架时，就要当作正在与人打手；而打手又离不开走架的基本原则，因此在打手时要当作仍在走架。所谓"无人则当若有人，有人则当若无人；走架即是打手，打手即是走架，两者理惟一贯"。走架能使打手运用太极拳的理法，练习打手又能促进走架功夫的提高，反过来再增加打手技艺……如此往复循环，使太极拳艺不断提高，所以走架与打手之间的关系又是相辅相成的。太极拳艺必须依靠走架与打手间相辅相成、密切相连的关系的存在才能获得，二者缺一不可。

习者必须明白原理，按照规律，用心钻研，工到则会事成。由初练渐至熟练，由艺粗渐至艺精；工用一日，技精一日。能精者，还能再精，永无止境。

## （十）引进落空，借力打人

太极者，打手不用先天赋有之力和快手，力则从彼处去借而是用意。借者，既省力而又不伤气。太极拳是一门最讲究省力打人的艺术，所谓"借力打人"是也。因为太极拳是一门艺术，而不是单纯的技术，所以借力打人即太极拳艺最本质的特点。

借力者，是以后天有关太极拳之力学去获得。先天的自然之能有限，并有盛衰之年；后天之巧则取之不尽，而用之不竭，乃艺命无穷也。后天之巧，有"四两拨千斤"之妙。能四两拨千斤者，则能以己先天之小胜彼之大，亦能以耄耋之年胜年轻力壮的气勇者。所以太极者既不在先天自然之能的大小，亦不在力大气足的青壮期，而在"引进落空，四两拨千斤"的巧妙技艺。习者在初读此句时，会深感奥妙而不能领悟，于是不知其所行。其实，只要遵循它的原理，按照它的规律去求之，当具备了一定的运动条件后，便能逐渐地实现——由着熟而渐悟懂劲，由懂劲而阶及神明。

习太极者须切记"用意不用力"的原则。打手之巧在于用意，不在外面而在内。一举一动非单纯的形动，有意动，始而气动，既而形动也。意气须分开，又须一致，但意为统帅，所谓"以意行气"是也。意到则气到，乃能意气跟得灵，方见落空之妙。先在心，后在身。在身者，则能引进落空，借力打人。

何谓"引进落空"？所谓引进落空，即须大胆地放纵彼之进击，而不是将其拒之门外。只有大胆地放纵，才能引进落空；不能放纵，则不能引进落空。但放纵须有前提条件，即虽为放纵，却全皆由我之意牵引其而进。此须粘连黏随，不丢不顶；须得机得势，舍己从人，知己知彼。彼手快不如我意先；彼力大，不如我气敛。若彼以快速巨力打来，我之意在其先已与其相接，顺其而来，接住彼劲，恰好不后不先，随引即蓄，借尽其力，蓄而后发，引进落空，借力打人便能奏效。不可用力，不可尚气，意气须跟得灵。

彼挨我何处，我心就用在何处，要知己知彼。若要知人，则务要使人不能知己。若要使人不能知己，则务要以己之虚去探彼劲之实；须称准彼劲之大小，权准彼劲来之长短和粗细。左重则左虚，右重则右杳；避彼之实，而入彼之虚，顺其势，借其力。此即所谓"知己知彼，百战百胜"也。能知己知彼，才能因敌变化。能因敌变化，"引进落空，四两拨千斤"之技才能神妙无穷。

欲要知己知彼，则先要舍己从人，不要由己。从人则活，由己则滞，而从人仍是为了由己。若彼欲往左，则我以意领其往左，彼欲往右，则我以意领其往右；若彼欲进，则我以意牵引其而进，彼欲退，则我以意顺其而退；若彼欲往上，则我以意率其而上，彼欲往下，则我以意率其而下；若彼欲开，则我以意挈其而开，彼欲合，则我以意挈其而合。能达此地步，乃能"左重则左虚，右重则右杳；仰之则弥高，俯之则弥深；进之则愈长，退之则愈促"。从外观之，似随人而动，然则人为我之内形所控制，故舍己从人仍是由己。舍己从人非纯粹外形的随人，没有内形的支配是舍近求远。这样，不但无法达到舍己从人的目的，反会为人乘机（虚）而入。故舍己从人须内外结合，周身相随，得机得势。其关键还是在内。能舍己从人，方能探知彼劲之虚实。

一身之劲在于整，一身之气在于敛。身法须一一求对，并要加以互相联系起来成为一体，然后再求敛气，气要敛入脊骨。敛者，须以意将气下沉贴于背，由两肩收于脊骨，敛于腰脊。气能敛于腰脊，然后再求注于腰间。能注于腰间，一身便有主宰。一身能有主宰，一身之劲便能完整统一。气势须包围精神，精神又须支撑气势。神聚、气敛、精神贯注，精、气、神三者须合一。一动无有不动，一静无有不静。自己安排得好，人一挨我，我在下即能得机，而在上即能得势，上下相随，前后左右无不得力也。能得机得势，乃能舍己从人。

平日练习打手，须在粘连黏随、不丢不顶上下功夫。走即是粘，粘即是走；粘即是用意，走即是行气。以己依人，务要知己，乃能随接随转；以己粘人，务要知人，乃能不后不先。彼之力有多大，我之意仍与其相合，彼增我亦增，彼减我亦减，累黍不差，不给彼有丝毫用力之余。彼在上无处使劲，在下无处得力，我趁势入之，接定彼劲，彼自能跌出不言而喻矣。

能粘得住人，然后能吸得住人，使人不能走脱。能吸得住人，然后能随意牵引得人，进而使之落空。若要将物漂出，务要往下加以浮物之力，斯其根自断，乃无生根立足之地，如江海浮舟则自然浮得起彼身；彼身既已浮起，然则随漂即出，极能轻松也。须切记：借力打人须断彼之根，彼之根未断，则力未借着而不能发；能断彼之根，打人才能省力而清脆，才能使人心悦诚服。若要将彼跌出，须加以掀起之意，随引随化随蓄一气呵成，则自然能使彼犹如跌入深渊一般而落空，其劲全为我接定所掌握；彼身既已腾空而劲力全为我所借尽，然则一呼即出，远近多少，取之何样抛跌，顺势能及。此即所谓"借力打人"，仍是引进落空，四两拨千斤之妙也。

平日行工（功），一动势须问问是否有空松圆活之趣，精神能否支撑八面。能支撑八面，乃能八面转换。气须存养含蓄不使上浮，以直养而无害。气势须贯注于两膊，形于手指。周身须通畅饱满，节节贯串；太极即是周身，周身即是太极，无一寸不是如此，行气才能如九曲珠无微而不到。气如车轮，枢纽在腰。彼挨我何处，我气即行往何处，何处即分虚实。虚便是阳，实即是阴；阴不离阳，阳不离阴，阴阳相济，乃能以虚实制人。切记：须以己之虚去探彼劲之实，勿要用己之实而使彼知己。因敌变化须走内劲而不可露形迹，劲由内换而使人莫测，彼只能挨我之虚，即挨皮毛，而得不到我之实，无从得力也。此即所谓"人不知我、我独知人"。以虚实制人，人为我制，而我不为人制，乃能一往无敌，斯是太极拳之妙也。

总而言之：引进落空，借力打人是以意使技，而非以力能成技也。周身须完整统一，动则俱动，动中须有静，动者才能不慌不乱，乃能依法行工（功）；静者俱静，静中须有意存（有预动之势），静者才能达于劲断而意不断，乃能一触即发。开中寓合，则开者还能再开；合中寓开，则合者还能再合，所谓

"如长江大海，滔滔不绝"也。虚实宜分清楚，虚实的变化全在内而不在外。在内者，劲换而不露痕迹，劲走而人莫知，乃能随接随转。由得机得势，及舍己从人；由舍己从人，及知己知彼；由知己知彼，及引进落空，借力打人。牵引在上，运化在胸，储蓄在腿，主宰在腰，蓄而后发。一身须具备五张弓，才能做到蓄劲如张弓，发劲如放箭。劲以曲蓄而有余，周身之劲在于整，发劲要专注一方，须认定准点，做到有的放矢。劲起于脚根，由脚而腿而腰形于手指，须完整一气，不能有丝毫间隔断续。一举一动须达于无角无棱，无有凹凸，无有缺陷的要求。若能达此境界，不论向前向后、向左向右，乃能无懈可击。以意行气，以气运劲；意往上升，气往下沉；动者，气转也。先在心，然后便能施于身。日久功深，盖吸则自然提得起，亦拿得人起；呼则自然沉得下，亦放得人出。吸，为合为蓄为收；呼，为开为发为放。只要依法求之，就能逐渐地做到物来顺应，敏感自得；进者，便能达于"一羽不能加，蝇虫不能落"的境界。若到此境界，则无所谓内外，无所谓不对，一举动则无不恰合法度，形神皆忘；左重则左虚，右重则右杳，触之则旋转自如，无不得心应手；如响斯应，疾如电掣。"引进落空，借力打人"则无不随心所欲矣。

## 二、翟维传

　　翟维传（1942—　）（图5-2），河北省永年县广府人。武式太极拳第五代传人，中国武术八段，太极拳名家，国家级非物质文化遗产太极拳（武式太极拳）代表性传承人。现为中国老年人体育协会太极拳专项委员会专家，中国体育教育从业培训中心太极拳工委会专家，河北省永年县政协委员，永年禹襄太极研究院院长，中国武术协会会员，河北省武术文化产业促进会副会长，河北省武术协会专家委员，河南大学、邯郸学院、焦作师范高等专科学校

图5-2　翟维传

客座教授，韩国掤捋挤按太极拳学校客座教授，邯郸市武术协会荣誉主席，邯郸市武式太极拳学会会长，香港武式太极拳总会名誉会长，永年县太极拳协会副主席，永年县武式太极武校名誉校长，永年维传武式太极拳研究会会长，并兼任国内外多家武术组织顾问、名誉会长等。

1953年，翟维传经祖父介绍从师于武式太极拳第四代传人魏佩林。为了进一步学习太极拳，翟维传于1965年开始跟随魏佩林的师弟姚继祖系统学习武式太极拳、器械、推手等。1982年，翟维传正式拜师，成为武式太极拳第四代传人姚继祖的入室弟子。1984年，翟维传陪同姚继祖参加武汉国际太极拳（剑）表演观摩会，在会上与姚继祖公开演练了传统武式太极推手。翟维传历经武式太极拳第三代传人李逊之的两位高徒——魏佩林、姚继祖两位恩师的悉心传授，全面系统地学习了武式太极拳，尽得武式太极拳之真谛。

自20世纪90年代起，翟维传多次组队参加国际、国内太极拳运动大会及系列活动，获得"太极十二新秀""太极拳大师""太极拳名师"等个人荣誉50余次、集体奖20余次，队员所获奖项300余次。2007年，翟维传受中国武术协会之邀，参加中日邦交正常化35周年纪念活动；先后多次受邀到马来西亚、日本、韩国等国家授拳讲学（图5-3）。其足迹还遍布国内20多个省市，进行的名家表演、专家辅导及在国内著名高校讲学活动不计其数。据不完全统计，截至2020年，跟随翟维传学习武式太极拳的人数过万，拜师入门的弟子近200人。

(a) 纪念中日邦交正常化35周年，翟维传受中国武术协会指派，代表武式太极拳名家访问日本，与各派名家在日本合影

(b) 2007年，翟维传在韩国期间与各派名家及学会成员合影

图5-3 翟维传授拳活动照片

2008 年至今，翟维传先后参加了中央电视台 12 套 20 集电视专题片《中国武师》、黑龙江卫视"龙武堂"《天下太极》、中央电视台 4 套"五洲传播中心"专题节目、中央电视台体育频道 8 集《太极拳秘境》等媒体的采访报道与节目摄制，为武式太极拳的广泛传播与健康发展做出了重大贡献。

翟维传为推广传播武式太极拳，练拳之余常年笔耕不辍，先后在《中华武术》《武林》《武当》《少林与太极》《武魂》《太极》《武当武术探微》等刊物发表论文 30 余篇；担任过《武式太极拳竞赛套路》编委，协助恩师姚继祖出版了《武式太极拳全书》。2003 年 3 月，翟维传受人民体育音像出版社俏佳人音像公司之邀，制作完成"武式太极拳系列教学光盘"；2004 年元月出版《武式太极拳术》；2006 年 4 月，由山西科学技术出版社出版"传统武式太极拳丛书" 10 本；2010 年 10 月，编写邯郸市中小学普及专用教材《武式太极拳初级教程》；2012 年出版《中华太极基础功法》（书+DVD）5 本；2014 年出版《武式太极拳三十七式》《中华太极基础功法》《武式太极拳传统一百零八式》《武式太极拳精要三十七式》《武式太极拳简易二十八式》《武式太极拳竞赛套路四十六式》；2014 年出版 DVD《中华太极拳功法》《中华太极拳身法》《中华太极拳心法》《中华太极拳用法》等。（图 5-4）

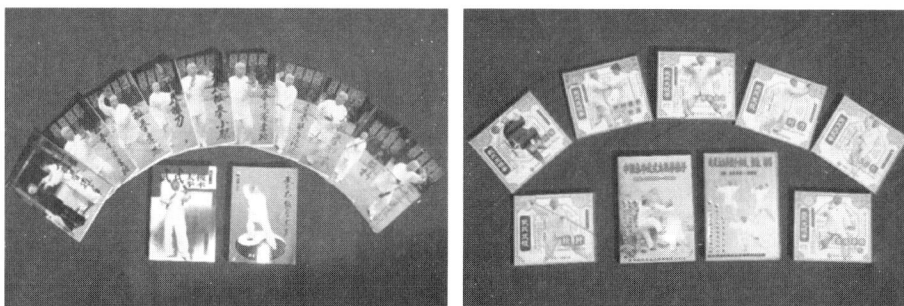

(a)　　　　　　　　　　　　　　　　(b)

图 5-4　翟维传出版的系列著作及教学光盘

2018 年 6 月，为组织非遗传承，弘扬传统太极文化，增进全民健康、研究、传授、发展太极拳术等，翟维传在原来创办"永年武式太极武校"的良好基础上，成立了"永年禹襄太极研究院"，为中国太极拳申请世界非物质文化遗产提供了完备的武式太极拳资料。2018 年 9 月，翟维传参与负责社会科学文献出版社《世界太极拳蓝皮书：世界太极拳发展报告（2019）》、《武式太极拳》部分资料的写作。2019 年 12 月，由中国老年人体育协会太极拳专委会发起，翟维传作为专家讲师团专家、武式太极拳代表性传承人，与子翟世宗共同创编展演的《中国老年 26 式武式太极拳套路》获得通过。

## 三、钟振山

钟振山（1949—　）（图 5-5），出生于河北永年广府，武式太极拳第五代传人，中国武术八段，非物质文化遗产武式太极拳传承人，曾任永年府镇中学校长，现任河北省太极拳协会及河北省太极拳健康协会副会长，河北省武式太极拳实战功夫研究会常务副会长，河北石家庄武式太极拳研究会会长，钟振山武式太极拳研究总会会长，中国体育教育从业培训中心太极拳项目工作专业委员会专家委员。同时，其被聘为北京体育大学武术研究院研究员，河南大学武术研究院太极文化研究院高级研究

图 5-5　钟振山

员，北京大学武式太极拳研究会名誉会长，北美武式太极拳研究会名誉会长，北美"武（郝）太极拳总会"海外顾问，香港气功太极拳社名誉会长，河北省王其和太极拳协会、河北邯郸市太极拳专业委员会名誉主席，北京中医药大学武术导师，河北邯郸学院太极拳学院、河南大学、河南理工大学、邯郸市第一财经学校、柳州武术协会客座教授等。

钟振山是武式太极拳创始人武禹襄的嫡玄孙之婿，自幼受太极拳熏陶，酷爱武术，13 岁师从武式太极拳第四代宗师姚继祖，习练武式太极拳、剑、刀、杆、推手，尽得其传，成为其衣钵传人。其修炼拳技循规蹈矩，松静

自然，独具动态之妙；推手端正严密，细腻熨帖，宁静而不妄动，以善化为长，在拳法上、拳理上颇有造诣。1991年、1993年、1995年，钟振山连续3届任"中国永年国际太极拳联谊会"千人表演总教练；1991年，被邯郸国际太极拳联谊会冠以"太极拳十二新秀"之一；1992年4月，获中国武术协会"一级拳师"称号；1998年10月，被永年国际太极拳联谊会评为"太极拳大师"；2014年7月，在美国为23个国家和地区的300多名太极拳教练授拳培训，传授武式太极拳；2016年8月，被第十三届中国邯郸国际太极拳运动大会新闻发布会聘为"太极拳推介大使"；2019年12月，荣获中国体育报业总社《中华武术》杂志"中国太极拳最具影响力人物"称号。另外，钟振山多次在国内不同类型的太极拳比赛中获得金牌。

作为武式太极拳名家、代表人物之一，钟振山多次应邀出席国家体育总局、中国武术协会组织召开的重大国际、国内太极拳研讨会，并进行学术交流、名家演示和讲座，积极参加国家太极拳推广普及活动（图5-6）。钟振山先后参加或主编《46式武式太极拳竞赛套路》《永年太极拳志》《中国太极拳段位标准教程——武式太极拳》《中小学标准教程37式武式太极拳》等著作；以武式太极拳代表人物参加拍摄了《中华武藏》大型教学片；公开报告、发表过《太极拳听劲与懂劲》《太极拳中的柔与刚》《粘连黏随说》《浅谈武式太极拳的养生与技击》等多篇论文，其中《浅谈太极拳的保健与技击》于2002年8月获中国焦作第二届国际太极拳年会优秀论文奖。

（a） （b）

图5-6 钟振山参加太极拳推广普及活动照片

2001 年，钟振山应邀开始在北京大学传授武式太极拳，2003 年北京大学成立了武式太极拳研究会。从 2008 年开始，钟振山先后在北京大学、清华大学、北京邮电大学、中科院研究生院（现为中国科学院大学）、北京中医药大学、天津金融学院等多所大学及多家企事业单位传授武式太极拳。20 年来，钟振山的足迹遍布海内外，把武式太极拳传入国内 13 所大学，150 多所中、小学校，在全国创办武式太极拳组织和武馆 50 多处，还先后赴美国、意大利、法国、瑞士、英国等进行武式太极拳国际传播交流活动（图 5-7）。据不完全统计，钟振山国内外授徒近 200 人，教授国内外学生总数超过两万余人，为武式太极拳的传播与发展做出了重大贡献。

（a）

（b）

（c）

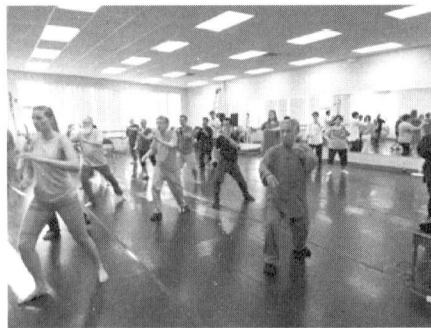

（d）

图 5-7　钟振山在海外传播武式太极拳

## 四、杨书太

杨书太（1957— ）（图5-8），河北省
邢台市东侯兰村人，武式太极拳第五代传
人，武术六段，高级教练。武式太极拳第
三代宗师李逊之先生的外孙，是"全国太
极拳十三名家"之一姚继祖的得意弟子。
现任河北永年武式太极拳协会顾问、河北
邢台太极拳协会副会长、杨书太武式太极
拳协会会长。

图5-8　杨书太

杨书太自幼随兄长杨书法习武，不久就
秉承母亲李云珊（李逊之之女）安排，与杨书法一起拜在外祖父李逊之的得
意弟子姚继祖门下，成为武式太极拳第五代正宗传人。姚继祖在收他为徒时，
当着他的面对他的母亲说："这（武式太极拳）是你家的东西，只要孩子愿意
学，我一定好好教，把你们家的东西原原本本地还给你家。只要书法、书太
按照我教的好好练下去，一定会学有所成。"

杨书太悟性极高，拜师从学以来，专心致志，在姚继祖宗师的细心
传授下，深得架子功、推手、器械、散手、太极内功心法之真传。其母
亲李云珊、舅父李池荫（李逊之之子，武式太极拳第四代传人）的言传
身教与点化，加上兄长杨书法的"相手"陪练，使其武式太极拳的功夫
技精日进。母亲与舅父自幼就与李逊之练拳，使其对"推手发人"的功
夫如影片一样深深地印在了脑海里。1993年，杨书太感觉自己推手的功
夫已经可以，把自己推手的视频给母亲观看，没想到母亲却说："你打得
不好，和你姥爷打的不一样，你姥爷发劲很轻松，对方受力却很大，你
用力很大而对方受力却很小。很多人来攻击他，他转几回身，对方就离
他远了……你姥爷跟人交手，好似猫戏老鼠，眼神一动全身都跟着动，
你还得好好琢磨呀。"舅父李池荫也常常让他练拳给他看，看完后告诉他
外祖父李逊之与人推手如何一个点上分阴阳，如何一触即发，接劲打劲

搭手即飞……并亲授他武式太极拳"一扇门"不外传秘籍及内功心法心得等。

几十年来，杨书太不忘初心，持之以恒，积极参加和支持武式太极拳研究会的各项活动，毫无保留地向从学者传授拳艺（图5-9），并获得诸多荣誉称号（图5-10）。杨书太的武式太极拳推手技艺精微巧妙，正日臻完善。2021年9月，参与编著出版了《传统武式太极拳》一书。2022年12月，河北人民出版社出版了他的个人专著《武氏太极拳锁钥》一书。

图5-9　杨书太传艺照

（a）　　　　　　　　　　　　　（b）

图5-10　杨书太获得的荣誉称号

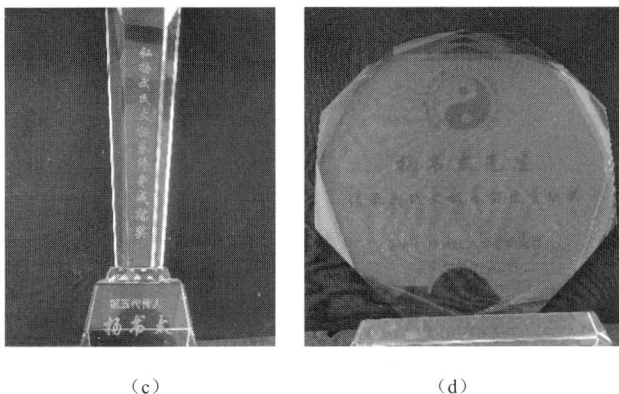

（c）　　　　　　　　　　（d）

图 5-10　杨书太获得的荣誉称号（续）

## 五、姚志公

　　姚志公（1957— ）（图 5-11），河北省永年县广府镇人，毕业于河北师范大学地理系，邯郸学院副教授，武式太极拳第五代传人，非物质文化遗产武式太极拳传承人，武术六段。姚志公从小跟随祖父姚继祖学习武式太极拳及器械，现为中国武术协会会员，现任河北省太极拳健康学会常务副会长、副秘书长，河北省太极拳研究院副院长，河北省太极拳协会专家委员会委员。此外，姚志公还被聘为永年广府武式太极拳协会副会长、顾问，北京大学武式太极拳研究会顾问，邯郸市武式太极拳学会顾问，邯郸钢铁集团武术协会顾问，嵩山少林武术职业学院武术文化研究所特约研究员等。

图 5-11　姚志公

　　姚志公长期以来在邯郸义务传授太极拳，从学者不计其数，多次带领学

员和弟子参加国内外各种太极拳活动（图 5-12），获得冠军或第一名、一等
奖几十项。2008 年，姚志公开始在大学开设选修课——武式太极拳。2010 年
邯郸学院成立"太极文化学院"，招收太极拳本科生，姚志公被聘为"太极文
化学院"武式太极拳总教练。

图 5-12　姚志公援外培训太极拳

多年以来，姚志公参编了《武式太极拳全书》《杨式太极拳英汉双语基础
教程》，撰写了《太极拳的哲学基础与实质》《太极拳的美学价值和道德情操》
《太极拳的技击特点与"反者道之动"的战略思想》等多篇论文。姚志公有多
年太极拳的教学实践经验，在教学过程中编写了《传统武式太极拳简化套路》
《传统武式太极拳、械教程》，出版了《武式太极拳诠真》专著，在太极拳理
论和技击实践上具有独到见解。

# 第六章

# 武式太极拳传统套路 108 式

## 本章导读

　　武式太极拳创始人武禹襄从学于河南温县赵堡镇陈清平，后创编了拳架套路。早期的武式太极拳共 52 式，这从武式太极拳第二代传人李亦畬《自存本》中的《十三势架》及《启轩偶成》中的《太极拳走架白话歌》的信息中可以确定。在此后近 200 年的传承与发展中，武式太极拳发生了如下几个变化：一是拳架套路动作的增多，在传至第三代传人郝为真"郝和珍藏本"时是 54 式，而郝为真之子郝月如、郝少如编著的《武式太极拳》已成 96 式，而李亦畬之子——第三代传人李逊之传授的则为 108 式，其中"单鞭""提手上势""云手""手挥琵琶"等动作，作为衔接转换时重复次数增多，有些拳势的动作名称、个别地方的顺序自李家传至第四代后，或许因为汉字的方言读音、简化、通假、拳架套路变长等原因亦略有不同，如"三甬背"后成"三通背"，"六封四闭"写成"如封似闭"等；二是拳势的变化，主要体现在第三代传人郝为真形成了"开合太极拳"及其传至第四代传人孙禄堂形成了"孙式活步太极拳架"，这是武式太极拳在传承与发展历史中两次具有特色性的变化。本章所述演练拳架，是李亦畬之子李逊之先师传授下来的 108 式"小架"。此拳架套路是在武式太极拳第五代传人杨书太传授的基础上整理的。

## 一、武式太极拳 108 式图解说明

### （一）武式太极拳 108 式动作名称

第 1 式：起势；第 2 式：左懒扎衣；第 3 式：右懒扎衣；第 4 式：单鞭；第 5 式：提手上势；第 6 式：白鹅亮翅；第 7 式：左搂膝拗步；第 8 式：手挥琵琶；第 9 式：左搂膝拗步；第 10 式：右搂膝拗步；第 11 式：上步搬拦捶；第 12 式：如封似闭；第 13 式：抱虎推山；第 14 式：手挥琵琶；第 15 式：懒扎衣；第 16 式：单鞭；第 17 式：高探马；第 18 式：肘底捶；第 19 式：倒撵猴一；第 20 式：倒撵猴二；第 21 式：倒撵猴三；第 22 式：倒撵猴四；第 23 式：手挥琵琶；第 24 式：白鹅亮翅；第 25 式：左搂膝拗步；第 26 式：手挥琵琶；第 27 式：按式；第 28 式：青龙出水；第 29 式：三通背一；第 30 式：三通背二；第 31 式：退步懒扎衣；第 32 式：上步懒扎衣；第 33 式：单鞭；第 34 式：云手一；第 35 式：云手二；第 36 式：云手三；第 37 式：单鞭；第 38 式：左高探马；第 39 式：右高探马；第 40 式：右起脚；第 41 式：左起脚；第 42 式：转身蹬一脚；第 43 式：践步栽锤；第 44 式：翻身二起脚；第 45 式：跌步披身；第 46 式：巧捉龙；第 47 式：（左）踢一脚；第 48 式：（右）转身蹬脚；第 49 式：右搂膝拗步；第 50 式：上步搬拦捶；第 51 式：如封似闭；第 52 式：抱虎推山；第 53 式：手挥琵琶；第 54 式：斜懒扎衣；第 55 式：斜单鞭；第 56 式：野马分鬃一；第 57 式：野马分鬃二；第 58 式：野马分鬃三；第 59 式：手挥琵琶；第 60 式：懒扎衣；第 61 式：单鞭；第 62 式：玉女穿梭一；第 63 式：玉女穿梭二；第 64 式：玉女穿梭三；第 65 式：玉女穿梭四；第 66 式：手挥琵琶；第 67 式：懒扎衣；第 68 式：单鞭；第 69 式：云手一；第 70 式：云手二；第 71 式：云手三；第 72 式：单鞭；第 73 式：下势；第 74 式：更鸡独立一；第 75 式：更鸡独立二；第 76 式：倒撵猴一；第 77 式：倒撵猴二；第 78 式：倒撵猴三；第

79 式：倒撵猴四；第 80 式：手挥琵琶；第 81 式：白鹅亮翅；第 82 式：左搂膝拗步；第 83 式：手挥琵琶；第 84 式：按式；第 85 式：青龙出水；第 86 式：三通背一；第 87 式：三通背二；第 88 式：退步懒扎衣；第 89 式：上步懒扎衣；第 90 式：单鞭；第 91 式：云手一；第 92 式：云手二；第 93 式：云手三；第 94 式：单鞭；第 95 式：高探马；第 96 式：对心掌；第 97 式：转身十字脚（单摆莲）；第 98 式：上步指裆捶；第 99 式：上步懒扎衣；第 100 式：单鞭；第 101 式：下势；第 102 式：上步七星；第 103 式：退步跨虎；第 104 式：转身摆莲；第 105 式：弯弓射虎；第 106 式：退步双抱捶；第 107 式：手挥琵琶；第 108 式：收势。

## （二）图示演练的定位与方位

为便于读者能正确理解和学习武式太极拳 108 式拳架套路，书中第 1 式起势从面向正南方开始，即图示面向读者的方向；套路演示行进中，身体姿势的整体移动和目视方向有四正方和四斜方，即东、南、西、北、东南、西南、东北、西北，插图均对动作步骤与要点进行了详细解读。

## （三）习练基本要求

习练武式太极拳 108 式过程中，上下肢要做到以下几个方面的要求：两脚之间的距离约与两肩同宽或稍宽于肩，即习练者正常的一步左右，两膝关节要保持一定的弯曲度，不可蹬直。在改变身体姿势方向时，均以脚跟为轴，实腿转换：向内转动（合）时，前脚掌微微抬起向脚内侧扣；向外转动（开）时，前脚掌微微抬起向脚外侧摆；两臂松肩沉肘，大小臂之间夹角为 120°～130°，两臂以身体中轴为界，各管半边身体，出手高不过自身眼眉，远不过自身前脚，始终不可伸直。

## （四）走架整体安排

习练武式太极拳 108 式，讲究"由松入柔，运柔成刚，刚柔相济"，起承转合，暗含开合隐现，用内气的潜移转换支配肢体的外形开合，开则俱开，合则俱合，要自始至终做到动作的开合、展收与呼吸合理搭配："开"与"展"是"呼"、是"放"，"合"与"收"是"吸"、是"蓄"，身法、步法、手法三者要有机配合，"外示安逸，内固精神"，内外一致，周身一家，用内形的变化来支配外形的运动。只有"内运"与"外动"和谐统一，才能健身、养生，提高太极功力的良好效果。

## 二、武式太极拳 108 式动作图解

**第 1 式：起势**

动作步骤：①面向正南方，自然站立，两眼平视，全身放松，神情自然安舒；②左脚向左侧横向迈出，与肩同宽或略宽于肩，重心放在两脚上，做 2～3 次深呼吸，调整身心；③两臂从体侧缓缓平举，虎口相对，起于肩平；④两肘匀缓下沉，带动两手下按至两胯前与腰平，指尖向前，掌心向下，两腿微屈呈坐式，气沉丹田。（图 6-1）

动作要点：起势调整呼吸时要充分呼出肺内浊气，排除杂念，精神贯注，下按呈坐式时含胸拔背，提顶吊裆。

图 6-1　起势

**第 2 式：左懒扎衣**

**动作步骤：**①接上式，右脚支撑，左脚提起向前迈出约一脚距离，两眼平视，同时两手向上掤起，左手指与眼平，护面部，右手护膻中穴，两掌心保持斜相对；②上肢保持"掤势"，腰微向左转，左脚向东南方迈出约一步，脚趾上翘，足跟着地，目视东南方；③右脚发力蹬地，左脚在右脚蹬地的同时，脚掌落平，身体重心前移，左腿呈前弓，两手在重心前移的同时，竖掌保持"掤势"向前推出；④右脚向前跟步，至左脚跟右后方，脚趾点地，右臂前推至前脚尖垂直上方时内合，两腿为左实右虚，目视前方。（图 6-2）

**动作要点：**两腿在转换时，虚实要分清，两臂"掤势"不可懈怠，身法上要保持中正，跟步时上下要协调相随。

图 6-2　左懒扎衣

**第 3 式：右懒扎衣**

**动作步骤：**①接上式，身体随之右转，呈右手立掌与眼平，左手立掌护膻中；②右脚转开并西南方向迈出，脚尖点地，随后向前迈出，脚跟着地，脚尖上翘，右手立掌指尖与眼眉齐高，左手立掌在胸前膻中前，与右肘齐平，目视前方；③左脚蹬地，右脚随之向前踩平，身体重心前移呈右腿前弓，同时两臂向前上方掤挤；④左脚向前跟步至右脚跟的左后方，脚趾点地，同时左臂随跟步时的腰转自然内合前伸，立掌与眼平，两腿为右实左虚，目视前方。（图 6-3）

**动作要点：**与左懒扎衣相同。

图 6-3　右懒扎衣

**第 4 式：单鞭**

**动作步骤：**①接上式，左脚落地，腰向左转，同时右脚以脚跟为轴内扣，两臂呈体前平屈，指尖相对，掌心向下，面向正南方；②左脚向左横跨一步，与肩同宽或稍宽于肩，左脚跟着地，脚尖微上翘；③以左脚跟为轴，向左转动身体，向外摆动左脚，脚尖指向正东方；④右脚蹬地呈左弓步，在腰向左转动的同时，两手缓缓向前向左分开，左手呈竖掌与眼齐平，右手外翻掌心向外，有外撑之势，指尖与肩平，目视左手前方。（图 6-4）

**动作要点：**转动身体时，身体要中正，重心变换要平稳过渡，右脚蹬地前要有蓄劲之势，松肩沉肘，含胸拔背，气沉丹田。

图 6-4　单鞭

**第 5 式：提手上势**

**动作步骤：**①接上式，以左脚跟为轴，脚尖内扣转动身体，两腿为左实右虚，两手内合，掌心向内，左手立掌在眼前，右手内合于胯前；②右脚前移提悬于左脚侧前方，脚尖点地，左肘下沉，带动左手至体前膻中位置，同时右手从体前提穿呈立掌，两手呈上掤之势，两腿左实右虚，面偏向西南方，目平视西南方。（图 6-5）

**动作要点：**转动时身法不可散乱，左肘下沉、右手上提要有向上、向外、向前掤起之势。

图 6-5 提手上势

**第 6 式：白鹅亮翅**

**动作步骤：**①接上式，左腿微屈，重心下沉；②同时右腿向西南方迈出约一步，脚跟着地，脚尖上翘，两腿仍为左实右虚，上肢继续保持向上、向外、向前掤起之势；③左脚蹬地，重心前移，身体前涌，右脚掌随之落平呈右腿前弓，两臂由上掤之势向前涌出，目视前方；④左脚随身体涌转向前跟进至右脚跟左后方，脚前掌点地，两腿变为右实左虚，左臂随转前伸内合，右臂沉肘，手护膻中。（图 6-6）

**动作要点：**身体中正，手脚相随，掤、涌要有气势，要有排山倒海之意。

图 6-6　白鹅亮翅

### 第 7 式：左搂膝拗步

动作步骤：①接上式，左脚落地，以右脚跟为轴，脚尖内扣，身体随腰左转，两手内合后，左手弧形向左胯下落，右手上提至右额旁，面向正东方；②左脚向东北方迈出约一步，脚跟着地，前脚掌上翘，左手继续从左胯向左膝外搂按，右臂沉肘立掌；③右脚蹬地，重心前移，左脚掌前踩呈左弓步，左手掌心向下搂按至左膝外侧，右手经胸前竖掌向前推出，手与口平，目视前方；④右脚随腰转前跟至左脚后右方，前脚掌点地，两腿为左实右虚，右上臂随腰转内合。（图 6-7）

动作要点：左手搂转时要贴胯下按，右手前推时要沉肘，至与脚尖上下相照时，随腰转内合。

图 6-7　左搂膝拗步

### 第8式：手挥琵琶

**动作步骤：**接上式，右脚向后退半步，重心落在右脚上，左腿随右腿后撤变为左虚步，同时右手向后收于腹前，左手向上画弧至与肩平，两手掌心向内，指尖向前，目视前方。（图6-8）

**动作要点：**右脚后退坐实后方可撤退左脚，上下肢体有护肫裹裆之意。

图6-8　手挥琵琶

### 第9式：左搂膝拗步

**动作步骤与要点：**与第7式的动作步骤与要点相同。（图6-9）

图6-9　左搂膝拗步

**第 10 式：右搂膝拗步**

**动作步骤：**①接上式，以左脚跟为轴，脚尖内扣，转腰的同时右手从前上向右下胯旁弧形下落，左手由左下弧形上提至头左侧与嘴角齐平，面向正东方，目视前方，右脚向东南方迈出，脚跟着地，前脚掌上翘，右手继续向右胯下搂按，左手立掌向前推。②左脚蹬地，重心前移，右脚掌随重心前移下踩呈右弓步，右手搂按至右胯外侧，掌心向下，左手随转腰弧形划至胸前向前推出；左脚随转跟步，至右脚左后方，两腿为右实左虚，左上臂随腰转内合。（图 6-10）

**动作要点：**右手搂转时要贴胯下按，左手前推时要沉肘，至与脚尖上下相照时，随腰转内合。

图 6-10　右搂膝拗步

**第 11 式：上步搬拦捶**

**动作步骤：**①接上式，左手内合的同时，随腰转下落拦挡，右手握拳至身体右侧，目视前方；②上左步，脚跟先着地，脚掌上翘，左臂同时下拦，右脚蹬地，重心前移，左脚用力踩下呈左弓步，左臂体前屈，右拳拳眼内旋向前击出，拳心向下，至左手上方止，目视前方。（图 6-11）

**动作要点：**左手搬拦要随腰转，右手握拳要与之同步，沉肘蓄劲。

图 6-11  上步搬拦捶

**第 12 式：如封似闭**

**动作步骤：**①接上式，右脚向前跟步，至左脚跟右后方，然后坐实呈右实左虚，左前脚掌点地，两臂略沉肘内合；②右脚蹬地，左脚前迈一步，脚跟着地，松肩沉肘，含胸拔背，重心前移的同时，左前脚掌落地踩实呈左弓步，同时两手下按向前搓推，掌心向前，手指向上，目视前方。（图 6-12）

**动作要点：**身体在向前推时，要保持稳定，手脚相合，两臂要注意松肩沉肘。

图 6-12  如封似闭

**第 13 式：抱虎推山**

**动作步骤：**①接上式，向左转腰内合，右脚向前跟步至左脚右后侧；②右脚后撤退步，前脚掌撑地，腰向右转，以左脚脚跟为轴，向内扣转，右手向右后方随身体平转，左手收掌于体侧，右手向右后方画弧收抱于腰间，提起右脚，同时，左手立掌提起，靠近嘴角左边，蓄劲待发；③向西北方迈出约一步，脚跟着地，脚掌上翘，左脚蹬地的同时重心前移，右脚向前用力踩实呈右弓步，转腰推出左掌，目视前方。（图6-13）

**动作要点：** 身体向右后方转动时，左脚内扣要注意身体重心的平稳过渡，全身上下要注意协调相随。

图6-13　抱虎推山

### 第14式：手挥琵琶

**动作步骤：** 接上式，身体向右转腰引臂内合的同时，左脚跟进至右脚跟左后，右臂沉肘收于身体右前侧，然后左脚后移半步坐实，腰向左转，右脚随之左移至左脚前，同时左手向后将，右手向下按，手指尖上下与前脚尖对应，两臂高度介于腰与肩之间，目视前方。（图6-14）

**动作要点：** 左脚后退坐实后方可撤退右脚，上下肢体有护肫裹裆之意。

图6-14　手挥琵琶

**第15式：懒扎衣**

**动作步骤：**①接上式，右脚提起呈左实右虚，右脚收于左脚前，脚尖点地；重心稍降，向前迈出右脚，脚跟着地。②左脚蹬地，重心前移，右脚向前踩实呈右弓步，两臂随身体前移向前涌推，目视前方。（图6-15）

**动作要点：**两臂"掤势"不可懈怠，身法上要保持中正，上步时身体有前涌之势，上下要协调相随。

图6-15 懒扎衣

**第16式：单鞭**

**动作步骤与要点：**与第4式的动作步骤与要点相同。（图6-16）

图6-16 单鞭

**第 17 式：高探马**

**动作步骤：**接上式，以左脚跟为轴，脚尖内扣转动身体，两腿为左实右虚，两手内合，掌心向内，左手立掌在眼前，右手内合于胯前；左肘下沉带动左手至体前膻中位置，同时右手从体前内合捧托至左肘下方；右脚提悬于左脚侧前方，然后右脚向前迈出，脚跟着地，身体重心稍前移；左脚蹬地，身体重心前移，右脚前脚掌向下踩平呈右弓步，同时左手向前推出，至前脚齐，两手有内合之意，面向正南方，目视前方。（图 6-17）

**动作要点：**向前推出左掌时，腰稍有右转，右手与左手有内合折叠之意。

图 6-17　高探马

**第 18 式：肘底捶**

**动作步骤：**①接上式，左脚向前跟步，脚尖点地，两腿为右实左虚，左臂随腰转稍内合；②以右脚跟为轴向内扣转，左脚向右脚跟后方斜插，腰向左转，目视前方；③两腿右实左虚，左腿提起脚尖点地，左手竖掌上托，右手变右拳从腰际击至左肘下方，面向正东方，目视前方。（图 6-18）

**动作要点：**左手上托时要注意松肩沉肘，身体左转时重心要落在右脚上，身体不可前俯后仰。

图 6-18 肘底捶

**第 19 式：倒撵猴一**

**动作步骤：**①接上式，上托左臂之前臂向内倒呈左臂体前平屈，掌心向下，同时提起右臂，右手由拳变掌收于右侧面旁，高与嘴齐；腰向左转，左腿向西北方迈出，脚跟着地，脚趾上翘，重心稍下沉。②右脚蹬地，重心前移，左脚随重心前移，向前踩平，左臂体前平屈随身转动，右手竖掌向前推出，目视前方。③右脚随身体重心前移，向前跟步，至左脚跟右后方，脚尖点地，两腿为左实右虚，同时两手内合。（图 6-19）

**动作要点：**两手运动要与身体左转协调进行，两肘关节要有外掤之意，不可松懈。

图 6-19 倒撵猴一

第20式：倒撵猴二

动作步骤：①接上式，右脚向左脚后方斜插，脚尖点地，左脚以脚跟为轴转动内扣，腰向右转向西南方向，右臂随身体右转的同时，呈体前平屈，掌心向下，左臂上抬，同时提掌至面部左边，高与嘴角齐平；②右脚向西南方迈出约一步，脚跟着地，脚掌翘起，上肢动作保持不变，随后左脚蹬地，随着身体重心前移，右脚用力向下踩平呈右弓步，左手向前推出；③随左手向前推出，身体右转，左脚向前跟步至右脚左后方。（图6-20）

动作要点：与第19式的动作要点相同，但方向不同。

图6-20　倒撵猴二

第21式：倒撵猴三

动作步骤与要点：与第19式的动作步骤与要点相同。（图6-21）

图6-21　倒撵猴三

## 第 22 式：倒撵猴四

**动作步骤与要点：**与第 20 式的动作步骤与要点相同。（图 6–22）

图 6–22 倒撵猴四

## 第 23 式：手挥琵琶

**动作步骤：**①接上式，身体向右转腰引臂内合的同时，左脚跟进至右脚跟左后方，右臂沉肘收于右边腰间；②左脚后移半步坐实，腰向左转，右脚随之后移至左脚前，脚尖点地，同时左手向后捋，右手向下按，手指尖上下与前脚尖对应，两臂高度介于腰与肩之间，目视前方。（图 6–23）

**动作要点：**左脚后退坐实后方可撤退右脚，上下肢体有护肫裹裆之意。

图 6–23 手挥琵琶

第 24 式：白鹅亮翅

动作步骤与要点：与第 6 式的动作步骤与要点相同。（图 6-24）

图 6-24　白鹅亮翅

第 25 式：左搂膝拗步

动作步骤与要点：与第 7 式的动作步骤与要点相同。（图 6-25）

图 6-25　左搂膝拗步

第 26 式：手挥琵琶

动作步骤与要点：与第 8 式的动作步骤与要点相同。（图 6-26）

图 6-26　手挥琵琶

**第 27 式：按式**

动作步骤：接上式，身体随右腿呈下蹲之势，右手下落下按至两膝前下方，指尖指向地面，目视右手。（图 6-27）

动作要点：两腿要顺势下蹲，身体前俯但不可前倾，失去重心。

图 6-27　按式

**第 28 式：青龙出水**

动作步骤：接上式，左掌内旋下按，掌心向下，同时右手拇指外转，掌心向上捧起，抬头起身。（图 6-28）

动作要点：身体中正，气沉丹田，两手有对拉外掤之势。

图 6-28　青龙出水

**第 29 式：三通背一**

动作步骤：接上式，身体稍右转，右臂抬平，指尖向前，左手拇指向下，掌心向外与右臂呈交叉状，左脚向前迈出一步，身体右转，左手向前推出，高与眼平；右手同时向后转拉，手掌外翻，两臂呈对拉之势，目视左手，面向东方。（图 6-29）

动作要点：转体的同时拉右臂，击出左掌。

图 6-29　三通背一

**第 30 式：三通背二**

动作步骤：①接上式，左脚以脚跟为轴内扣，右脚掌抬起外摆，转体面向西方，重心落在左腿上，两臂随身体转动，自然画弧，掌心向外；②左腿

蹬地，身体左转，同时右脚向下踩实，左掌后引，右掌随身体转动击出，面向西方。（图6-30）

动作要点：转体的同时拉左臂，击出右掌。

图6-30　三通背二

**第31式：退步懒扎衣**

动作步骤：①接上式，身体右转后撤右腿，呈左虚右实，左脚尖点地，左手立掌，掌心向内，高与眼平，右手收于胸前，两手掌心相对，两臂有上掤之势；②重心向右脚下沉，向前迈出左脚，脚跟着地，脚掌上翘，上体姿势保持不变；③右脚蹬地，重心前移，左脚随身体重心前移，向下踩实呈左弓步，两臂随身体前移向前涌推，面向西方。（图6-31）

动作要点：两臂"掤势"不可懈怠，身法上要保持中正，上步时身体有前涌之势，上下要协调相随。

图6-31　退步懒扎衣

## 第 32 式：上步懒扎衣

**动作步骤：**①接上式，右脚向前跟步，呈左实右虚，右脚在左脚前脚尖点地，同时随身体转动左臂沉肘，左手收于胸前，指尖向前，右臂随转动内合前伸，两臂暗含向前向上掤起之意；②身体重心向左脚下沉，同时右脚向前迈出，脚跟着地，脚掌翘起，上体保持不变；③左脚蹬地，身体重心前移，随着身体重心前移，右脚掌向下踩平呈右弓步，两臂随身体前移向前涌推，面向西方。（图6-32）

**动作要点：**与第31式的动作要点相同，只是左右步法上有区别。

图6-32  上步懒扎衣

## 第 33 式：单鞭

**动作步骤与要点：**与第4式的动作步骤与要点相同。（图6-33）

图6-33  单鞭

第 34 式：云手一

**动作步骤：**①接上式，向右转体，身体重心移至右腿，左脚随之收到右脚旁，脚尖点地，两腿为右实左虚，左手向下画弧落至左胯外侧，右手向上画弧至头右上侧，面向南方；②左脚向左迈出，同时左手向右经胸前向上画弧至面前，右手向下画弧至右胯前，目视左手；③右脚蹬地，向左转腰，左脚掌落平呈左弓步；④左手向左推出，右手随身体转动向左至左胯前，面向东方，重心落在左脚上；⑤以左脚跟为轴，脚尖内扣，身体右转；⑥右脚跟着地，脚掌上翘，同时，左手向下画弧至左胯前，右手向上画弧经胸前至头部右前方；⑦左脚蹬地，身体继续右转，至正西方时，右手坐腕前推，左手随身体转动向右至右胯前，面向西方，重心落在右脚上。（图 6-34）

**动作要点：**两手画弧有上下，轨迹基本呈圆弧形，左右手协调配合，转动身体时注意重心的移动与变换。

图 6-34　云手一

## 第 35 式：云手二

动作步骤与要点：与第 34 式的动作步骤与要点相同。（图 6-35）

图 6-35　云手二

## 第 36 式：云手三

动作步骤与要点：与第 34 式的动作步骤与要点相同。（图 6-36）

图 6-36　云手三

图 6-36　云手三（续）

## 第 37 式：单鞭

**动作步骤与要点：** 与第 4 式的动作步骤与要点相同。（图 6-37）

图 6-37　单鞭

## 第 38 式：左高探马

**动作步骤与要点：** 与第 17 式的动作步骤与要点相同。（图 6-38）

图 6-38　左高探马

## 第 39 式：右高探马

**动作步骤：**接上式，左臂随身体转动内合，目视左手；以右脚跟为轴，向内转扣，左臂随转下落至腹前，掌心向上，右臂抬起，沉肘立掌，高与嘴角齐平；重心下沉，继续左转，面向东方，左脚向前迈出，右脚蹬地，重心前移，左脚随重心前移脚掌向下踩平，右手随身体转动向前推出，与前脚齐，目视击打方向；左手掌心向上，托在右肘下方，有内合之意。（图6-39）

**动作要点：**向前推出右掌时，腰稍有左转，左手与右手有内合折叠之意。

图6-39　右高探马

## 第 40 式：右起脚

**动作步骤：**①接上式，重心落在左脚上，右臂随跟步转身内合；以左脚跟为轴，脚尖内扣，稍右转，面向正东方，两手在体前交叉，右手在外，左手在内，两腿为左实右虚。提起右膝，两臂抬至胸前交叉。②右脚向前上方踢出，两手分开向左右分劈。（图6-40）

图6-40　右起脚

**动作要点：**提膝时要保持重心稳定，向前踢出的右脚要绷平，要有力达脚尖之意。

### 第41式：左起脚

**动作步骤：**①接上式，右脚落地变为实腿，左腿变虚，同时两手下按在小腹前；右脚尖微向内扣，提起左膝，两手体前交叉抬至胸前，目视前方。②左脚向前上方踢出，脚面绷直，同时两手分开，向两边分劈。（图6-41）

**动作要点：**除方向不同外，与第40式的动作要点相同。

图6-41　左起脚

### 第42式：转身蹬一脚

**动作步骤：**①接上式，左脚踢出后内收，身体保持平衡，以右脚跟为轴，脚尖内扣，腰向左转至面向北方，左膝上提，同时两臂体前交叉抬至胸前，左手在外，右手在内，目视前方；②侧蹬出左脚，力达脚跟，同时两臂分开，向两边分劈，目视前方。（图6-42）

**动作要点：**蹬脚前，周身蓄劲，要有收合之意，蹬出时右腿支撑发力，力达左脚跟，上下肢要协调配合。

图 6-42　转身蹬一脚

### 第 43 式：践步栽锤

**动作步骤：**①接上式，左脚向左侧跨出一大步，脚尖点地，重心在右脚上，身体右转，两臂平展，右手握拳，拳心向下，目视右拳；②左脚向前跌步，落地下蹲，右脚跟进，占据左脚位置，同时上身前俯，右拳经头右侧向前下击出，向左转体，左手顺势内合，护于右臂上方，目视右拳击打方向。（图 6-43）

**动作要点：**栽锤时身体不可前冲，靠屈腿降低重心，切不可弯腰翘臀。

图 6-43　践步栽锤

### 第 44 式：翻身二起脚

**动作步骤：**①接上式，起身转体，右手随转体横劈；②当右手向下落时，前摆左腿，右脚蹬地；③身体腾空，左腿从空中向下落时，空中踢起右脚，脚面绷直；④右手击拍右脚面，左手后引，维持身体平衡。（图6-44）

**动作要点：**转身蹬起要动作连贯，一气呵成，腾空落地要保持身体平衡。

图6-44　翻身二起脚

**第45式：跌步披身**

**动作步骤：**①接上式，二起脚落地后，左脚向后稍撤，同时两手向后下画弧捋按至小腹前，身体稍微左转，重心落在左脚上，面向正东方；②左脚蹬地，重心前移呈右弓步，同时两手向下、向上、向前画弧前推，右手高与肩平，左手至胸前与右肘齐，目视前方。（图6-45）

**动作要点：**两手向下、向后画弧要有捋意，注意两腿的虚实转换要与上肢协调一致。

图6-45　跌步披身

### 第 46 式：巧捉龙

**动作步骤：** ①接上式，身体重心后移至左脚上，右脚向后收于左脚前，脚尖点地，同时右手由掌变推，从腹前向上画弧至胸前，与左手呈抱球状，目视前方；②右脚落地，由虚变实，身体随之右转；③左脚脚尖点地，同时，两手按顺时针方向旋转呈左上右下的抱球状，面向南方。（图 6-46）

**动作要点：** 两脚重心转换要与两手协调配合，并保持身体平衡。

图 6-46　巧捉龙

### 第 47 式：（左）踢一脚

**动作步骤：** ①接上式，提起左膝，脚尖朝下，身体重心落在右脚上，上抬右臂与左臂呈胸前交叉，两手变掌，目视前方；②左脚向东前上方踢出，两掌同时向左右分开，高与肩平，面向东南方。（图 6-47）

**动作要点：** 踢脚时脚面要绷直，身体不可前俯后仰。

图 6-47　（左）踢一脚

**第 48 式：（右）转身蹬脚**

**动作步骤：**①接上式，左脚下落至右脚外侧，身体转向正北方，脚尖点地；②同时两手内合交叉至胸前，左脚变为轴心脚，并提起右膝，脚尖向下，目视前方；③右脚用力向右蹬伸，同时两手向两边画弧分开，面向北方，目视前方。（图 6-48）

**动作要点：**转体时要保持身体中正，右脚上提与蹬伸要与两手的收合协调进行，蹬伸时要力达脚跟。

图 6-48 （右）转身蹬脚

**第 49 式：右搂膝拗步**

**动作步骤与要点：**与第 10 式的动作步骤与要点相同。（图 6-49）

图 6-49 右搂膝拗步

## 第 50 式：上步搬拦捶

动作步骤与要点：与第 11 式的动作步骤与要点相同。（图 6-50）

图 6-50　上步搬拦捶

## 第 51 式：如封似闭

动作步骤与要点：与第 12 式的动作步骤与要点相同。（图 6-51）

图 6-51　如封似闭

## 第 52 式：抱虎推山

**动作步骤与要点：**与第 13 式的动作步骤与要点相同。（图 6-52）

图 6-52　抱虎推山

## 第 53 式：手挥琵琶

**动作步骤与要点：**与第 14 式的动作步骤与要点相同，只是方向上略有不同，本式动作方向面向西北方。（图 6-53）

图 6-53　手挥琵琶

## 第 54 式：斜懒扎衣

**动作步骤与要点：**与第 15 式的动作步骤与要点相同，只是方向上略有不同，本式动作方向是面向西北方。（图 6-54）

图 6-54　斜懒扎衣

### 第 55 式：斜单鞭

**动作步骤与要点：**与第 4 式的动作步骤与要点相同，只是本式动作方向转向正南方，胸部略偏。（图 6-55）

图 6-55　斜单鞭

### 第 56 式：野马分鬃一

**动作步骤：**①接上式，以左脚跟为轴，脚尖内扣，身体右转，面向西南方，右脚收至左脚斜前方，脚尖点地，同时两手内合，左手至右肩前，掌心向外，右手下落至腹前，掌心向内；②右脚向西北方迈出，脚跟着地，左脚蹬地，身体缓缓右转，重心前移，右脚掌向前下方踩平呈右弓步，同时右手向右侧前上方掤起，略高于肩，左手同时向左下对拉至左胯前，目视前方。（图 6-56）

**动作要点：**上步时要蹬地、转腰、转肩带动右臂上掤，用力由下到上，节节贯穿。

图 6-56　野马分鬃一

**第 57 式：野马分鬃二**

动作步骤：①接上式，左脚前跟至右脚前，脚尖点地，两手内合，右手至左肩前掌心向外，左手至右胯前，目视西南方；②左脚并向西南方迈步，脚跟着地，右脚蹬地，身体缓缓左转，重心前移，左脚掌向前下方踩平呈左弓步，同时左手向左侧前上方捌起，略高于肩，右手同时向右下方对拉至右胯前，目视前方。（图 6-57）

动作要点：上步时要蹬地、转腰、转肩，带动左臂上捌，用力由下到上，节节贯穿。

图 6-57　野马分鬃二

## 第 58 式：野马分鬃三

动作步骤与要点：与第 56 式的动作步骤与要点相同。（图 6-58）

图 6-58　野马分鬃三

## 第 59 式：手挥琵琶

动作步骤与要点：与第 14 式的动作步骤与要点相同。（图 6-59）

图 6-59　手挥琵琶

## 第 60 式：懒扎衣

动作步骤与要点：与第 15 式的动作步骤与要点相同。（图 6-60）

图 6-60　懒扎衣

### 第 61 式：单鞭

**动作步骤与要点：**与第 16 式的动作步骤与要点相同。（图 6-61）

图 6-61　单鞭

### 第 62 式：玉女穿梭一

**动作步骤：**①接上式，身体右转，重心移至右脚上，脚尖外摆至指向西南方，左脚随身体右转，提步跟至右脚侧前，重心落在右腿上，同时左手画弧上掤至胸前，高与眼齐，右手画弧收于左手内侧，目视前方；左脚向西南方迈出，脚跟着地，前脚掌上翘，同时，左臂外旋上掤至额前上方，右臂在胸前沉肘、坐腕蓄劲，面向西南方。②右脚蹬地，重心前移，左脚前脚掌用力向下踩平，同时左臂随转腰转体外翻上掤，右手竖掌从胸前推出，目视右手前方。（图 6-62）

动作要点：蹬、转、掤、打要一气贯穿，身法不可散乱。

图 6-62　玉女穿梭一

### 第 63 式：玉女穿梭二

动作步骤：①接上式，右脚向前跟步，至左脚后方，脚尖点地，重心落在左脚上，两手臂同时内合，目视前方；②右腿向右后回撤落地，向右转腰，同时以左脚跟为轴，脚尖内扣，两臂交叉于胸前，右手在外，左手在内，并随身体的转动缓缓外旋；③继续转动身体至面向东南方，右脚向东南方迈出，脚跟着地，前脚掌翘起，重心落在左腿上，同时右臂外旋上掤至额右前方，左臂沉肘坐腕立掌，面向东南方；④左脚用力蹬地，身体重心前移，右脚掌用力向下踩平，同时右臂随转腰转体外翻上掤，左手竖掌从胸前推出，目视左手前方。（图 6-63）

图 6-63　玉女穿梭二

动作要点：蹬、转、掤、打要一气贯穿，身法不可散乱。

**第64式：玉女穿梭三**

动作步骤：①接上式，左脚向前跟步至右脚后方，脚尖点地，重心落在右脚上，同时两臂内收于体前，左臂屈臂立掌，右臂沉肘，右手收于胸前；②以右脚跟为轴，向左转体，同时右脚尖内扣，迈左步向东北方，脚跟着地，脚掌上翘，上体两臂保持上掤之势，面向东北方；③右脚蹬地，身体重心前移，左脚用力下踩，由脚跟到脚掌，身体呈左弓步，同时左臂外旋上掤，右手从胸前推出，目视右手击打方向。（图6-64）

动作要点：蹬、转、掤、打要一气贯穿，身法不可散乱。

图6-64　玉女穿梭三

**第65式：玉女穿梭四**

动作步骤：①接上式，右脚向前跟步至左脚跟后方，脚尖点地，重心落在左脚上，同时两臂内合，右臂屈立身前，高与眼齐，左臂合收于胸前，目视前方；②后撤右脚至左脚跟后方，左脚以脚跟为轴内扣脚尖，身体随之向右转腰至左脚尖向西；③两臂继续保持上掤之势，向西南方迈出右脚，脚跟着地，前脚掌上翘；④同时左脚蹬地，重心前移，右脚用力下踩至脚

掌落地，呈右弓步，右臂外旋上掤，左手从胸前推出，目视左手，向西南方击打。（图6-65）

动作要点：蹬、转、掤、打要一气贯穿，身法不可散乱。

图6-65　玉女穿梭四

### 第66式：手挥琵琶

动作步骤与要点：与第14式的动作步骤与要点相同。（图6-66）

图6-66　手挥琵琶

### 第 67 式：懒扎衣

**动作步骤与要点：**与第 15 式的动作步骤与要点相同。（图 6-67）

图 6-67　懒扎衣

### 第 68 式：单鞭

**动作步骤与要点：**与第 4 式的动作步骤与要点相同。（图 6-68）

图 6-68　单鞭

第 69 式：云手一

动作步骤与要点：与第 34 式的动作步骤与要点相同。（图 6-69）

图 6-69　云手一

第 70 式：云手二

动作步骤与要点：与第 35 式的动作步骤与要点相同。（图 6-70）

图 6-70　云手二

图6-70　云手二（续）

## 第71式：云手三

**动作步骤与要点：**与第36式的动作步骤与要点相同。（图6-71）

图6-71　云手三

第 72 式：单鞭

**动作步骤与要点**：与第 4 式的动作步骤与要点相同。（图 6-72）

图 6-72　单鞭

第 73 式：下势

**动作步骤**：①接上式，以左脚跟为轴，脚尖内扣，右脚尖外摆，向右转体呈右弓步，两臂展开斜平伸，目视右手。②下蹲身体，降低身体重心呈左仆步，两手掌心向外，目视右手；身体重心从右脚移动到左脚上，呈左弓步，目视左手。（图 6-73）

**动作要点**：身体重心变换时要保持平稳过渡。

图 6-73　下势

第 74 式：更鸡独立一

**动作步骤**：接上式，右脚蹬地，身体重心过渡到左脚，身体稍左转前移，腰胯带动身体以左腿为支撑直立身体，提起右膝，同时左手向前穿掌后下按至左胯外，右手向上画弧竖掌至面前，高与眼平，指尖向上，目视右手指尖。（图 6－74）

**动作要点：**抬臂、提膝要同步进行，单脚支撑要保持重心稳定。

图 6－74　更鸡独立一

### 第 75 式：更鸡独立二

**动作步骤：**右脚下落，身体重心落在右脚上，右手随之下按至右胯外侧，掌心向下，指尖向前，同时提起左膝，左手随之向上画弧至面前，指尖向上，高与眼平，目视左手指尖。（图 6－75）

**动作要点：**与第 74 式的动作要点相同。

图 6－75　更鸡独立二

**第 76 式：倒撵猴一**

**动作步骤与要点：**与第 19 式的动作步骤与要点相同。（图 6-76）

图 6-76　倒撵猴一

**第 77 式：倒撵猴二**

**动作步骤与要点：**与第 20 式的动作步骤与要点相同。（图 6-77）

图 6-77　倒撵猴二

**第78式：倒撵猴三**

**动作步骤与要点：**与第21式的动作步骤与要点相同。（图6-78）

图6-78　倒撵猴三

**第79式：倒撵猴四**

**动作步骤与要点：**与第22式的动作步骤与要点相同。（图6-79）

图6-79　倒撵猴四

## 第 80 式：手挥琵琶

动作步骤与要点：与第 23 式的动作步骤与要点相同。（图 6−80）

图 6−80　手挥琵琶

## 第 81 式：白鹅亮翅

动作步骤与要点：与第 24 式的动作步骤与要点相同。（图 6−81）

图 6−81　白鹅亮翅

## 第 82 式：左搂膝拗步

**动作步骤与要点：**与第 25 式的动作步骤与要点相同。（图 6-82）

图 6-82　左搂膝拗步

## 第 83 式：手挥琵琶

**动作步骤与要点：**与第 26 式的动作步骤与要点相同。（图 6-83）

图 6-83　手挥琵琶

第 84 式：按式

动作步骤与要点：与第 27 式的动作步骤与要点相同。（图 6-84）

图 6-84　按式

第 85 式：青龙出水

动作步骤与要点：与第 28 式的动作步骤与要点相同。（图 6-85）

图 6-85　青龙出水

第 86 式：三通背一

动作步骤与要点：与第 29 式的动作步骤与要点相同。（图 6-86）

图 6-86　三通背一

## 第 87 式：三通背二

动作步骤与要点：与第 30 式的动作步骤与要点相同。（图 6-87）

图 6-87　三通背二

## 第 88 式：退步懒扎衣

动作步骤与要点：与第 31 式的动作步骤与要点相同。（图 6-88）

图 6-88　退步懒扎衣

第 89 式：上步懒扎衣

**动作步骤与要点**：与第 32 式的动作步骤与要点相同。（图 6-89）

图 6-89　上步懒扎衣

第 90 式：单鞭

**动作步骤与要点**：与第 4 式的动作步骤与要点相同。（图 6-90）

图 6-90　单鞭

第 91 式：云手一

**动作步骤与要点**：同第 34 式的动作步骤与要点相同。（图 6-91）

图 6-91　云手一

## 第 92 式：云手二

**动作步骤与要点：**与第 35 式的动作步骤与要点相同。（图 6-92）

图 6-92　云手二

图 6-92　云手二（续）

## 第 93 式：云手三

**动作步骤与要点：**与第 36 式的动作步骤与要点相同。（图 6-93）

图 6-93　云手三

**第 94 式：单鞭**

**动作步骤与要点：**与第 4 式的动作步骤与要点相同。（图 6-94）

图 6-94 单鞭

**第 95 式：高探马**

**动作步骤与要点：**与第 38 式的动作步骤与要点相同。（图 6-95）

图 6-95 高探马

**第 96 式：对心掌**

**动作步骤：**①接上式，左脚向前跟步至右脚左后方，脚尖点地，重心落在右脚上，以右脚跟为轴，身体左转，右脚尖内扣，左脚尖点地，目视西南方；左臂画弧下落，右臂画弧上提。②当身体转至面向正东方时，向前迈出左步，同时左臂随转身上掤至额前，右手沉肘立掌于胸前，面向正东方，右脚蹬地，身体重心前移，左脚用力向下踩平呈左弓步，同时左臂外旋上掤，右掌向前击出，目视前方。（图6-96）

**动作要点**：蹬、转、掤、击动作要连贯，要节节贯穿，一气呵成。

图6-96　对心掌

### 第97式：转身十字脚（单摆莲）

**动作步骤**：①接上式，后撤右脚至左脚侧后方，脚尖点地，以左脚脚跟为轴，脚尖内扣，身体随之右转，面向正西方，同时，右臂随转落平，曲臂掤于体前，掌心向外，左臂摆收于体前，重心落在左脚上，目视前方；②右臂沉肘，右手握拳收于腰间，同时右脚脚面绷直向前、向外呈弧形踢摆，与左手形成摩擦拍击。（图6-97）

**动作要点**：向前踢摆时身体不可前俯后仰，转体、收抱拳、摆踢拍要协调连贯。

图 6-97 转身十字脚（单摆莲）

**第 98 式：上步指裆捶**

**动作步骤：**接上式，右脚落地后，向前迈出左脚呈左弓步，同时左臂下落按在左胯外侧，右脚蹬地，右拳从下向前上方弧形击出，拳眼向上，目视前方。（图 6-98）

**动作要点：**上步击打时，左右两臂有对拉之力，蹬、转、击打要一气贯穿。

图 6-98 上步指裆捶

**第 99 式：上步懒扎衣**

**动作步骤与要点：**与第 32 式的动作步骤与要点相同。（图 6-99）

图 6-99　上步懒扎衣

## 第 100 式：单鞭

**动作步骤与要点：**与第 4 式的动作步骤与要点相同。（图 6-100）

图 6-100　单鞭

## 第 101 式：下势

**动作步骤与要点：**与第 73 式的动作步骤与要点相同。（图 6-101）

图 6-101　下势

### 第 102 式：上步七星

**动作步骤：**接上式，右脚蹬地，身体重心移至左脚上，左脚用力，身体直立，右脚直线向前迈出至左脚前，脚尖点地，右手握拳由下向上弧线上击至胸前，高与下颌平，左手随右拳击打时内合于右肘关节处，目视右拳。（图 6-102）

**动作要点：**上步击打要保持身体重心稳定，充分利用两臂交叉合力。

图 6-102　上步七星

### 第 103 式：退步跨虎

**动作步骤：**接上式，右脚后撤，重心下沉落至右脚上，两臂随身体重心后移拉开，右手由拳变掌，立于眼前，左手下捋至左胯外侧，面向正东方，目视前方。（图 6-103）

**动作要点：**身体随右步后撤，含胸拔背，两臂拉开要有外撑之势。

图 6-103　退步跨虎

**第 104 式：转身摆莲**

动作步骤：①接上式，以两脚跟为轴，左脚尖内扣，右脚尖外摆，向右转体 180°，同时右手下按，左手上提，两臂仍为对拉外撑之势；②左脚用力，身体重心移至右脚上，以右脚跟为轴，外摆右脚尖至东北方；③同时左脚随身体转动跨至右脚后方，两臂为身前交叉；④身体继续右转，至对向正南方时，向西南方后引两臂，左臂体前屈，右臂向西南方伸直，两手掌心向下；⑤同时转身面向右手；⑥⑦向上提起右腿，脚面绷直，由左向右、向外摆打，同时向左转腰，而后引之手由右后方向前、向左拍打右脚面。（图 6-104）

动作要点：转身与重心变换要保持身体稳定，击打脚面时，要以胯带腿，以腰带臂，充分利用好两个方向上的合力。

图 6-104 转身摆莲

**第 105 式：弯弓射虎**

**动作步骤：**接上式，外摆右脚向西南方落地，前弓右腿，两手同时变掌握拳，拳心向下，由左下方向右后方弧线上收，腰微向右转，面向东南方；向左转腰，同时两臂向外撑开，呈拉弓之势，目视东南方。（图 6-105）

**动作要点：**弯弓欲"射箭"，转胯是关键。

图 6-105　弯弓射虎

**第 106 式：退步双抱捶**

**动作步骤：**①接上式，右脚后退一步坐实，左腿随之后撤收于右脚左侧，脚尖点地，身体重心移至右脚上，身体随之左转，同时两手握拳随身体后撤，外旋收于体前，目视前方；②向东南方迈出左脚，身体重心下沉至右脚，右脚蹬地，身体重心前移，左脚向下踩实，脚掌落地呈左弓步，同时两拳向前、向下、向上弧形击出。（图 6-106）

**动作要点：**气沉丹田，劲由内换，保持身法中正，不可前倾后仰。

图 6-106　退步双抱捶

### 第 107 式：手挥琵琶

**动作步骤：**接上式，腰向右转，身体面向正南方，重心落在右脚上，呈左虚右实；两手抬起，由拳变掌，向内旋转，左手在前，右手在后，掌心相对呈手挥琵琶式。（图 6-107）

**动作要点：**气沉丹田，形成背弓，两手有上掤之势。

图 6-107　手挥琵琶

### 第 108 式：收势

**动作步骤：**①后撤左步，呈两脚开立姿势，身体重心落在两脚上；②两掌下按至两胯外侧，吐气竖脊，背弓缓缓展开；③左脚向右脚靠拢，两手自然收于两胯呈自然站立姿势，调息成自然呼气，收势。（图 6-108）

**动作要点：**肢体放松，呼吸方式自然转换。

图 6-108　收势

# 第七章

# 武式太极拳的呼吸方法
## ——内功心法

## 本章导读

　　武式太极拳是太极拳颇具特色的一个流派，不同于陈式、杨式太极拳的大架与小架，其习拳走架既注意形体修炼，更注意内在精神的修养，善于养气，以内动的虚实来支配外形，内气潜转，"以气运身，务求顺遂"，以求达到"行气如九曲珠，无微不到（至）"的佳境。本章所述的武式太极拳内功心法，为武式太极拳第四代传人李池荫、姚继祖两位先师的得意弟子——武式太极拳第五代传人杨书太所传。此内功心法曾是武式太极拳传承发展中秘不外传的"秘诀"。行内人说：习练太极拳不懂呼吸方法，终究无法逾越养生与推手的屏障。本章从太极拳呼吸方法的源头开始，在传统理论的基础上，运用现代运动心理学、运动生理学、医学生物学等学科的相关研究理论，科学详细地阐述了武式太极拳内功心法的原理、方法及习练注意事项等，供日常习练太极拳者研究学习与参考。

## 一、太极拳呼吸方法溯源

太极拳除吸收道家部分理论思想用于推手技击外，还汲取了道教的"导引吐纳"之术，这是道家与道教对太极拳形成"内运外动，内外兼修"完美统一的一个突出贡献。

据《庄子·外篇·刻意》中记载："吹呴（xǔ）呼吸，吐故纳新，熊经鸟申，为寿而已矣。此道引之士、养形之人，彭祖寿考者之所好也。"这表明中国远在两三千年前就有了十分完善的吐纳导引之术，而"熊经鸟申"的肢体运动就是人们模仿动物自然动作，结合"吹呴呼吸"所演练的动静结合的养生之道，太极拳的身体及四肢的屈伸运动已与其非常接近。道家著作《养生肤语》也说："古之善养生者，呼不出声，行不扬尘。不恒舞而熊经鸟伸，不长啸而呼吸元神……凡叫喊、跳跃、歌啸、狂舞、奔逸、超走之类，凡以力从事者，皆能损气。"太极拳发展到今天，作为养生类运动，可能就是在受此影响的基础上，不以哼哈叫喊、震脚发力、蹿蹦跳跃动作为主流动作，多以深长呼吸协调身体动作为主，且日渐形成了呼不出声、行不扬尘、缓慢柔和的具有独特风格的理论基础与依据。"拳道结合，由道入拳"是道家在自身发展过程中对中华武术的一个杰出贡献。相传太极拳出自道人张三丰，太极拳由调节呼吸而形成的"内功心法"则应取自道家的吐纳导引之术。

## 二、武式太极拳的呼吸方法简述

武式太极拳的呼吸方法通常被习练者称为"内功心法"，是通过习练太极拳来养生和提高技击水平的重要组成部分。武式太极拳"老三本"现存的"亦畬自珍本"和"郝和珍藏本"中，武禹襄在"打手撒放"中记有"掤（上平）、业（入声）、噫（上声）、咳（入声）、呼（上声）、吭、呵、哈"，姚继祖在其专著《武式太极拳全书》中也记载了"先师口授"的结合古代"踵吸法"，在练习套路呼气时轻微发出"呵、嘻、呼、呬、吹、嘘"六字来分别医治心、肝、脾、肺、肾、胆等各部疾病的"健身六气法"，它和太极拳拳架套路有着内与外、表与里、相互协同不可分割的关系。目前，社会上传授流行的各类太极拳多为配有优美乐曲的只练"外"形而不修"内"功的太极操、太极舞蹈，而真正的太极拳是由拳架套路"外形"和呼吸配合的内功心法修炼两方面组成的，分则是两个部分，合则为一个有机整体。武式太极拳拳架套路等是练筋骨肢体、练外，是动中求静；而内功心法是练神意气劲（内运），是静中求动。习练中只有把拳术中的手、眼、身、法、步的协调与导引吐纳有机地结合起来，意识、呼吸、动作三者密切相配，以意导气，以气动身，动静相兼，内外合一方为内家太极拳真正的功夫。只因内功心法来源于道家的养生气功"气宜直养而无害"，习练者单练可以祛病、防病、健身、延年；结合拳架套路的修炼可以"意到气到，气到力到"，产生鼓荡之劲，使周身一家；结合推手运用，可增强实战技击功效，使太极功夫更加高深。所以，武式太极拳在传承上非常审慎，内功心法非嫡亲、入室弟子受师父言传身教则不能得，而极少数得到练成者，为了保持自己在推手技击上的优势也多视其为"至宝"，不愿泄密，外传极少，一般从学者也不可能得到，得到者不坚持长期习练也不可能达到一定的养生、技击功效。

## 三、武式太极拳呼吸方法原理的科学诠释

太极拳虽然可以"养生有道，防身有术"，但是习练者要想达到健身、养生与技击的理想境界，只靠一般的习练拳架是难以实现的。为此，正确理解太极拳的功能与掌握科学的练习方法尤为重要。清代语言文字学家、哲学家、思想家，《四库全书》纂修官戴震曰："气运而形不动者，卉木是也；凡有血气者，皆形能动者也。"意思是说，像草木一般，外形不见其动，内在从养分供给到茁壮成长、开花结果，无时无刻不在生机运化的，谓之"运"。人体的脏腑器官也是如此，医学上称之为"植物性神经"调控的器官；人与动物，具有血气的，形体上能接受大脑指令，肢体百骸能随之发生的变化，谓之"动"，

医学上称之为"动物性神经"调控的器官。

## （一）运动心理学相关理论

运动心理学的心理神经肌肉实验研究也为内功心法提供了科学的依据。研究认为，在大脑运动中枢和骨骼肌之间存在着双向神经联系，主动想象（念动）做某一动作，会伴随着相匹配的神经冲动，大脑皮层的相应中枢就会兴奋，兴奋经传出神经传至有关肌肉，会引起难以觉察的运动动作，这种神经—肌肉运动模式与实际做动作时的神经—肌肉运动模式相似，使通过念动练习来改善运动技能成为可能。太极拳作为内家拳，其内功心法以意导气，"静中'念动'"，以气"运"来带动脏腑器官、四肢的形"动"，与心理神经肌肉研究理论相吻合。因为，"无内动无法增加神经活性的关系，唯有以神意导气带动的内动动作，方能获得健身与养生"。

## （二）运动生理学相关理论

运动生理学的研究表明，肌肉收缩时产生的力的大小与兴奋的肌纤维数目有关，同时与运动神经元传到肌纤维的冲动频率有关，参与活动的肌纤维运动单位数目与兴奋频率的结合称为运动单位动员（motor unit involvement，MUI），肌肉收缩时参与的肌纤维数目越多，产生的力越大。太极拳的内功心法是深而慢的呼吸方式，这种呼吸对肺泡气的更新比浅而快的呼吸方式要多，这既节省了用于呼吸肌工作的能量消耗，又保持了一定的肺泡通气量，有利于气体的交换（表7–1）。

表7–1　不同呼吸频率和潮气量时的肺通气量和肺泡通气量的比较

| 呼吸频率（次/分） | 潮气量（毫升） | 肺通气量（毫升/分） | 肺泡通气量（毫升/分） |
|---|---|---|---|
| 8 | 1000 | 8000 | 6800 |
| 16 | 500 | 8000 | 5600 |
| 32 | 250 | 8000 | 3200 |

注：本表引自《运动生理学》。

从太极拳的推手及技击方面来讲，太极拳内功心法的呼吸是随着肢体动作的开合（肌肉收缩）而进行的逆腹式深呼吸。逆腹式呼吸是腹式呼吸的另一种表现形式，与平常所说的顺腹式呼吸相反，吸气时腹部回缩，呼气时腹部膨出。逆腹式呼吸与武式太极拳动作相搭配形成了动作的"合"与"开"的有机统一。当行拳或推手动作回收成"合"时，吸气腹部内收，丹田部位向命门穴贴靠，身备五弓形成"蓄劲"，合中寓开；当行拳或推手动作向外成"开"时，呼气腹部充实隆起，产生膨胀"炸力"，有效地保证脊柱的稳定与中正，成八面支撑向外"发放"，开中寓合。毫无疑问，太极拳与内功心法二者统一结合，通过长期的"带功"习练，能够形成良好的神经肌肉条件反射，参与呼吸的膈肌、腹肌、竖脊肌、盆底肌等肌肉群的力量会明显提高，吸气、呼气能力加强，肺活量将会增大。"意念"引导肢体动作，会使运动神经元传到肌纤维的冲动频率提高，动员更多的运动单位。逆腹式呼吸的方法对推动内气的运行更有利，对身体机能的提高和功力的提升均具有良好的促进作用。

### （三）医学生物学相关理论

近年来，医学生物学的筋膜学研究取得了新的进展，该研究从维持生命周期延长的角度出发，提出了两大系统的分科方法，即将人体分为：由未分化结缔组织在神经和免疫系统的参与调节下，构成的人体"支持与储备系统"，以及由被该支架支持和包绕的各种已分化功能细胞构成的人体"功能系统"。医学生物学从功能系统的角度深入研究了人体筋膜在人体整个生命过程中的作用。研究提出，全身的结缔组织（筋膜）支架是中医经络的物质基础，穴位就是人体结缔组织（筋膜）在各种物理刺激的"外力"下，能够产生较强生物学信息（感觉神经信息、对局部细胞组织的牵拉刺激和损伤刺激信息）的聚集部位。通过机械刺激结缔组织产生的生物学效应，能够起到对人体的机能调节（组织细胞的活性）和生命调节（组织细胞的修复和再生）的作用。从"支持与储备系统"和"功能系统"的关系分析，人体的衰老过程是一个筋膜中干细胞储备逐渐耗竭的过程。因此，如何保持筋膜的正常状态，为功能系统不断提供稳定的修复细胞源并维持功能细胞的正常分化是保持人体较长生命周期的关键。长期的脑力劳动、不运动等，会导致人体功能系统的活动相对减少，功能系统衰退，能量消耗与组织更新减慢，严重者还将导致内脏功能失调等一系列问题，给疾病的发生埋下隐患。太极内功心法，通过逆腹式深呼吸周期性放松并牵拉内脏筋膜、以意导气依次收缩部分或全身肌肉，对脊柱、肩、肘、髋、膝、踝、腕等重点关节运动进行干预的机制，皆能促使"经络"通畅，调整分化修复过程的不和谐并促成筋膜的不断完善，从而能维持较长的生命周期。这完全符合筋膜学对医学生物学的理论解读，从养生角度来说，长期习练太极拳内功心法能提高身体功能系统机能、促进健康，这是毋庸置疑的。

## 四、武式太极拳内功心法习练的身心调配

### （一）调身

调身是调控身体使之进入练功前的活动，习惯上也叫练形、身法等，其目的在于使身体的状态与内功心法练功所要求的境界相适应。调身的内容包括外在调控和内在调控两大部分。两者相互影响，息息相关，相辅相成。

外在调控是肢体外在间架、位置的调控，包括姿势和动作的操作。内功心法四步功法的习练姿势主要采用的是"站式"操作方式，动静相兼，以利于打通经脉、通畅气路而令百脉通达。为此，外在调控主要是把身体四肢各大活动关节首先调整为自然松静的状态。

内在调控是肢体内在感觉、关系的调控，即对运动感觉与身体各部分的平衡关系进行操作。

首先是头部微前倾，下颌微收；舌抵上腭，使任督两脉交通。因为头部完全竖直时，颈部是压缩的，不能伸展，唯有头部略前倾，颈部才能充分展开。另外，下颌微收和头部前倾与含胸拔背的操作紧密相关。

其次是上肢保持放松，按功法步骤要求，或肩自然下垂，或松肩坠肘，切不可耸肩。耸肩不但使肌肉紧张，而且直接影响气机下沉，有碍于逆腹式呼吸的形成。在进行功法练习时，习练者要松肩坠肘臂屈肘，保持两臂分开虚腋，不要贴在两肋上，从养生的角度讲，这是为了使肢体更加舒展和舒适，如果双臂紧夹两肋，气血的周流必然会受到影响；从推手与实战技击的角度讲，虚腋使臂肘与躯干保持一定的间隙，形成"护肋"，留有"余地"，利于掤接对手的劲力进行转化发放。

再次是含胸拔背、伸腰沉胯与收腹敛臀。含胸就是使天突与两乳头连线组成的胸三角放松，使呼吸顺畅，有利于气机下沉，形成逆腹式呼吸；拔背有利于脊柱伸展，使督脉更为通畅。含胸的程度决定着拔背的程度，含胸不可过度，过度则成驼背。故含胸拔背的操作正确时，脊柱的竖直程度比日常要更大一些。但由于下颌微收，脊柱在颈部的生理弯曲抵消一部分，脊柱从上到下都能充分伸展。伸腰沉胯动作中的伸腰就是腰部要挺直，不能塌腰，也不能挺肚子，腹部略向内收，主要是将腰部的脊柱竖直；沉胯是胯部要向下坐，臀部略向后突出，会阴部略向上提，臀部如坐高凳，该动作除利于伸展脊柱外，还能使身体重心下移，气沉丹田。含胸拔背、伸腰沉胯、收腹敛臀这几个动作环节十分重要，从健身养生的角度来说，利于脊柱伸展，气血通畅；从推手与技击的角度来讲，此环节基本形成五号之"背弓"之势，气沉丹田，蓄劲待发。

最后是调整下肢，使之轻松安稳，保持双腿微曲，膝关节的投影点不能超过脚尖，两脚基本平行，两脚之间的距离与肩同宽或稍宽于肩，身体重心在两脚之间，脚趾微微抓地。此动作符合人体生理的自然姿势，使身体保持练功状态下的稳定支撑。从推手与技击角度讲，此动作利于保持周身一家之势，利于"前进、后退、左顾、右盼"，"劲起于脚"更加迅疾快捷。

## （二）调息

调息是调控呼吸的活动，也称练气、调气、吐纳等。调息的意义在于通过调控呼吸而孕育和引导内气，是内功心法进入练功状态与境界的重要操作环节。练功开始阶段，习练者需慢慢从日常的自然呼吸方式逐步过渡到腹式呼吸中的逆腹式呼吸，呼吸的深度变长，节奏逐渐变慢，内气的活动逐渐加强。在调息操作的过程中，习练者要以"勿忘勿助"为原则，将气息"调柔入细，引短令长"；既要轻巧、柔和、自然，主动去调整呼吸，使其向深、长、柔、细，绵绵不绝的方向发展，又不可刻意用力故意憋气，勉强去做，须"用意不用力"。由于内气多是随呼气而发生运行的，习练者要注意调控呼气，意念要在呼气时引导内气下行，聚于丹田。现代研究证明，调息可以调节自主神经系统中交感神经和副交感神经的张力，从而调整相应的内脏组织器官的功能，在结合肢体伸展开合动作的情况下，促进身体健康，提高身体功能是不言而喻的。

## （三）调心

调心是调控心理状态的活动，也称练神、练己。其意义在于改变日常意识活动的内容和方式，进入太极内功心法练功要求所需要的意识状态，把日常生活中外向性意识活动转为练功所需要的内向性意识活动，从而推动意识活动内容和方式的变化。调心的内容包括意念调控和境界调控两个方面。其中，意念调控指练功中主动有意引导、形成或消除特定意识内容的操作，有意守、存想、入静，意守是在主观感觉上将意识移置某一现实事物的心理操作活动。意守的对象可以是身体上或身体内、身体外的单一性对象；存想是想象特定的景物至清晰可见、身临其境状态的心理操作活动，存想的对象可以是特定的情景、事物或偶像等；入静是从安定情绪入手，排除一切意象所引起的直接的或潜在的心理、生理影响，即排除非身心自然影响因素的过程，使肢体内脏、身心内外彻底放松。意守、存想、入静皆在于排除练功时的杂念，诱导感受，引导感性经验来直接影响人体气机运行，在练功过程中，习练者可通过不断强化意守或存想的对象，诱导出特殊的心理生理效应。例如，功法中意守会阴、丹田、命门，存想或观想发放对手能"神意穿锁"、力透对手等。

## 五、武式太极拳内功心法习练的具体步骤与方法

在上述各种条件与基本操作都准备好的情况下，习练者可根据自身条件和想要达到的具体目标，结合四步功法动作，分级、分段、分步，由初级到高级、由简单到复杂地习练武式太极拳内功心法。长期坚持习练内功心法，身体机能会得到明显改善。如果坚持与太极拳行拳走架、推手结合，交替习练，由静到动，动静结合，则能有效提高推手功力，达到意到气到，气贯肢体，发放会逐步感觉"力增劲整、周身一家"。

### （一）意守会阴

#### 1. 动作要领

两脚平行开立，与肩同宽或略宽于肩，身体正直，百会朝天，肩部放松，两臂自然下垂于体侧，两腋虚空，手指自然弯曲，虎口向前，两膝关节微屈，身体重心落在两脚上；双目向前平视，由远及近，凝视一固定物，排除杂念至"心静"，成基本站立姿势，也称无极式。练功开始时，舌头抵住上颚，吸气时缓慢均匀由鼻腔入肺深吸，同时两手通过意念从脚下涌泉穴上提"地气"，使意念导引"地气"沿两腿上行至会阴穴，小腹内收（逆腹式呼吸），身体自然呈"提顶""吊裆"之式。然后把体内之气缓缓呼出，同时意念导引"地气"从会阴沿两腿原路返回至涌泉穴入地，小腹向外"鼓荡"，身体重心下沉，展胯竖脊。开始习练时以9次呼吸或1分钟为宜，习练一段时间后，随着功力增强，逐步增加呼吸次数或习练时间。练完后身体呈自然站立姿势，过渡到自然呼吸，收功。（图7-1～图7-4）

图 7-1 吸气动作（正面）　　图 7-2 吸气动作（侧面）

图 7-3 呼气动作（正面）　　图 7-4 呼气动作（侧面）

### 2. 目标诠释

缓慢深长的逆腹式呼吸可提高肺泡通气量，提高机体对氧气的利用率，并能有效地促进内脏器官的蠕动，改善内脏各系统功能，利于健康。意念导引"地气"的上行下返，"以心使身"意守会阴穴，能建立下肢"蓄"与"放"和"呼"与"吸"的良好条件反射，是形成太极劲法节节贯穿——"其根在脚，发于腿"的第一步。

## （二）意守命门

### 1. 动作要领

由第一式基本站立姿势无极式开始，抬起两臂，两手合十于胸前，呈

"童子拜观音"式，松肩沉肘。吸气时，意念导引"地气"从涌泉穴沿着两腿上行至命门穴，形成"含胸""拔背"之势，同时，两手掌稍用力对压；呼气时，松掉两手对压之力，同时意念导引命门穴的"地气"缓缓沿两腿原路返回至涌泉穴入地，小腹向外"鼓荡"，身体重心下沉，展髋竖脊。开始习练以 9 次呼吸或 1 分钟为宜，随着功力或身体的适应性增强，逐步增加呼吸次数或习练时间。练完后身体呈自然站立姿势，过渡到自然呼吸，收功。（图 7-5～图 7-8）

图 7-5　吸气动作（正面）　　　　图 7-6　吸气动作（侧面）

图 7-7　呼气动作（正面）　　　　图 7-8　呼气动作（侧面）

### 2. 目标诠释

意守命门式习练，逆腹式呼吸比意守会阴稍长，肺泡通气量与机体对氧气的利用率都会有所提高，有利于提高身体功能。意守命门呼吸方式，是在上式意守会阴建立下肢"蓄"与"放"的基础上，逐步过渡到上肢与之同步的"蓄""放"或"开""合"，是形成太极拳节节贯穿之整劲——"主于腰间，形于手指"的必备前提。

## （三）意守丹田（怀中抱月）

### 1. 动作要领

由第二式"童子拜观音"式开始，松开合十双手，中指指尖相对，松肩沉肘，成"怀中抱月"式，在逆腹式呼吸"吸气"时，意念导引"地气"从涌泉穴沿两腿上行至命门穴后，分左右沿带脉至丹田，同时两臂有微微向上、向外"掤起"之意。呼气时，意念导引丹田之气按来路返回，小腹向外"鼓荡"，身体重心下沉，展胯竖脊，两肘稍沉，有"内旋""发放"之意。开始习练以 9 次呼吸或 1 分钟为宜，随着功力增加逐步增加呼吸次数或习练时间。练完后身体成自然站立姿势，过渡到自然呼吸，收功。（图 7-9～图 7-12）

图 7-9 吸气动作（正面）　　　　图 7-10 吸气动作（侧面）

图7-11 呼气动作（正面）　　　　　图7-12 呼气动作（侧面）

### 2. 目标诠释

意守丹田式习练，使呼吸深度进一步加深，机体对氧气的利用率会进一步提高，身体功能会进一步加强。吸气时，身体自然呈"裹裆""护肫"之势，两臂有微微向上、向外"掤起"之意，"盖吸则自然提得起，亦拿得人起"；呼气时，意念导引丹田之气按来路返回，小腹向外"鼓荡"，身体重心下沉，展胯竖脊，两肘稍沉，有"内旋""发放"之意，故"呼则自然沉得下，亦放得人出。此是以意运气，非以力使气也"。一身之劲，渐成周身一家。

## （四）五心归元（龟吸法）

### 1. 动作要领

由第三式"怀中抱月"式开始，松肩沉肘，展开两手，五指自然分开，掌心向前，食指与眼同高或稍低，呈"如封似闭"式。吸气时，意念导引"地气"从涌泉穴沿两腿上行，两手劳宫穴采自然界精华之气与头顶百会穴采天阳之气沿上肢脊背下行，汇聚于丹田，五心归元；呼气时，小腹向外"鼓荡"，汇聚丹田之气"炸开"，向5个来时方向返回，身体重心下沉，展胯竖脊，两臂松肩沉肘，两手用意前推，意想有排山倒海之势，万夫不当之勇。开始习练以9次呼吸或1分钟为宜，随着功力增加逐步增加呼吸次数或习练时间。

练完后身体呈自然站立姿势，过渡到自然呼吸，收功。（图 7-13～图 7-16）

图 7-13　吸气动作（正面）

图 7-14　吸气动作（侧面）

图 7-15　呼气动作（正面）

图 7-16　呼气动作（侧面）

## 2. 目标诠释

五心归元式习练，"气"行线路长，呼吸深度应基本达到习练者所能承受的呼吸极限，必须在意守会阴、意守命门和意守丹田功法习练到一定程度时才能进行习练，长期习练能有效提高习练者的心肺功能，有益于身心健康。习练五心归元，在吸气时，"先在心，后在身，动牵往来气贴背，敛入脊骨"，肢体自然呈"提顶、吊裆、含胸、拔背、裹裆、护肫、松肩、沉肘"之势，"身备五弓"水到渠成，呼气时，"劲起于脚根，运行于腿，主宰于腰，形于手指，发于脊背"，一身之劲，练成周身一家。

# 六、武式太极拳内功心法习练注意事项

## （一）顺天时

人是大自然中的一个生命体，其本身就是一个非常特殊的"生物钟"，人的生命活动与自然界的运行规律存在着不可分割的联系。古人千百年的实践证明人体经络的开合与时间变化规律、自然界变化规律相吻合。习练内功心法，特别是用于养生时，强调习练活动要符合自然规律，要与自然和谐统一。《道德经》中"人法地，地法天，天法道，道法自然"是养生思想的基本观点。中国古代历法，根据太阳在黄道上的位置，把全年划分为 24 个段落，每一段落相隔 15 天，分成了二十四节气，二十四节气的划分反映了一年中大自然微妙的规律和气候的变化，传统医学在此基础上逐渐发现了不同季节的气候特点与人体健康的内在联系，也总结出了一日之内昼夜时辰变化与脏腑经络相通的一一对应关系。因此，习练内功心法用于养生，要顺应四季变化的特点，结合一日十二时辰中人体各器官系统的运行变化与规律。《黄帝内经》云："春夏养阳，秋冬养阴。"其意是春夏是阴消阳长之时，习练内功应选择在六阳（午时、未时、申时、酉时、戌时、亥时）之时；秋冬是阳消阴长之时，习练内功应选择在六阴（子时、丑时、寅时、卯时、辰时、巳时）之时。经历代养生理论与案例证实，顺应自然界天地运行规律与季节变化规律而修炼，使天地人相和，能更好地促进气血运行，收到较好的养生效果。（表 7-2）

表 7-2　十二时辰养生对应时间表

| 时辰 | 别名 | 对应北京时间 | 对应脏腑经络气旺 |
| --- | --- | --- | --- |
| 子时 | 夜半、子夜、中夜 | 23:00—01:00 | 胆经气旺 |
| 丑时 | 鸡鸣、荒鸡 | 01:00—03:00 | 肝经气旺 |
| 寅时 | 平旦、黎明、日旦 | 03:00—05:00 | 肺经气旺 |
| 卯时 | 日出、破晓、旭日 | 05:00—07:00 | 大肠经气旺 |

续表

| 时辰 | 别名 | 对应北京时间 | 对应脏腑经络气旺 |
|---|---|---|---|
| 辰时 | 食时、早时 | 07:00—09:00 | 胃经气旺 |
| 巳时 | 隅中、日禺 | 09:00—11:00 | 脾经气旺 |
| 午时 | 日中、日正、中午 | 11:00—13:00 | 心经气旺 |
| 未时 | 日昳、日跌、日央 | 13:00—15:00 | 小肠经气旺 |
| 申时 | 哺时、日铺、夕食 | 15:00—17:00 | 膀胱经气旺 |
| 酉时 | 日落、日沉、傍晚 | 17:00—19:00 | 肾经气旺 |
| 戌时 | 黄昏、日夕、日暮 | 19:00—21:00 | 心包经气旺 |
| 亥时 | 人定、定昏 | 21:00—23:00 | 三焦经气旺 |

## （二）应地利

应地利主要是讲关于练功环境的选择，无论是春夏秋冬，在室外练功应选择环境优美、温度适宜、空气清新、无噪声、无污染、无磁场干扰的地方，如避风的平地或宁静的树林、花园等。雷雨、大风、大雾等恶劣天气不可练功。在室内练功，房内温度不可过高或过低，宜保持室内空气自然流通，切不可对着空调练功，更不可在有"穿堂风"的过道或走廊练功。

## （三）讲人和

这里的"讲人和"是在太极拳内功心法进入基本操作阶段前，习练者自身应该注意的一些必要的事项，这是保证内功心法基本操作顺利完成并形成良好效果的必要条件。习练者具体应做好以下几个方面。

（1）排除杂念，头脑要清醒，昏昏欲睡或精神不佳时不要习练。

（2）排净大小便，不可憋尿忍便习练，憋尿忍便练功影响入静和练功效果。

（3）穿宽松衣服，以利于调整身体，使之放松和气血循环。

（4）饥饿、饱食、饮酒、口渴等状态下不宜习练。

（5）感冒发烧、有外伤、感染等情况下不可习练。

（6）女子在经期和怀孕期间感觉身体不适的情况下应停止习练；正常情况下习练时间不宜太长，强度不宜过大。

（7）男子在房事后不宜马上练功，习练期间应减少房事或禁止房事，以免影响练功效果。

# 参考文献

[1] 全国体育院校教材委员会. 运动生理学[M]. 北京：人民体育出版社，2002.

[2] 邓文平. 太极内功的奥妙：太极拳速成之路[M]. 北京：北京体育大学出版社，2014.

[3] 李亦畲. 王宗岳太极拳论[M]. 二水居士，校注. 北京：北京科学技术出版社，2016.

[4] 林冠澄，张厚忠. 阴阳相济太极劲法的科学与应用[M]. 北京：人民体育出版社，2014.

[5] 梅墨生，李树峻. 李经梧太极内功及所藏秘谱[M]. 北京：当代中国出版社，2010.

[6] 刘天君. 中医气功学[M]. 3 版. 北京：中国中医药出版社，2012.

[7] 王凤鸣. 太极内丹功[M]. 北京：人民体育出版社，2016.

[8] 王军，杨春. 筋膜学[M]. 乌鲁木齐：新疆人民卫生出版社，2015.

[9] 程克锦. 道家养生功大观[M]. 沈阳：辽宁科学技术出版社，2015.

[10] 罗征，林东河，左军山. 邢台武术源流谱[M]. 石家庄：河北人民出版社，2007.

[11] 王宗岳，等. 太极拳谱[M]. 沈寿，点校考释. 北京：人民体育出版社，1991.

[12] 姚志公，郭振兴. 武式太极拳诠真[M]. 长春：吉林大学出版社，2017.

[13] 李志红，等. 廉让堂太极拳传谱精解[M]. 北京：北京科学技术出版社，2019.

[14] 陈微明. 陈微明武学辑注：太极拳术[M]. 二水居士，校注. 北京：北京科学技术出版社，2016.

[15] 张立新. 关于民国时期太极拳著作中"序"的研究[J]. 体育学刊，2013，20（2）：111–114.

[16] 张得保. 社会发展背景下传统太极拳应用的失衡与复兴[J]. 体育学刊，2020，27（3）：58–63.

[17] 中共中央宣传部. 习近平新时代中国特色社会主义思想学习纲要[M]. 北京：学习出版社，2019.

[18] 郭志禹. 太极拳养生文化考[J]. 上海体育学院学报，2004，28（2）：49–52.

[19] 杨建营. 太极拳技术训练体系解析[J]. 体育文化导刊，2016（5）：76–79.

[20] 金光辉. 思考体育：关于百多年来中国体育思想演化的梳理和反思[M]. 上海：上海世界图书出版公司，2013.

[21] 二水居士. 太极法说[M]. 北京：北京科学技术出版社，2016.

[22] 王雪芹. 太极拳的生理医学效应研究进展[J]. 中国体育科技，2011，47（4）：113–120.

# 后记

　　出生在 1967 年的我，儿童少年时常听大人们讲身边发生的一些事情：某某地方的武术大师打败了一群前来挑衅的青年；也常常目睹一些上山下乡的文艺宣传队演出时，表演刀枪棍棒、武术套路与对练节目；更记得当年在乡下当干部的父亲安排哥哥、表哥夜晚去跟一位习过武、当过兵，当时是生产队饲养员的老人学习少林小洪拳！而那时唯一值得庆幸的是，我对武术产生了浓厚的兴趣，在我的再三恳求下，哥哥他们愿意当"二道贩子"，收我为徒，第二天就把学到的动作全部教于我！几年时间，我学会了小洪拳单练套路 4 套、对练套路 2 套，在当时只有几百人的农村小学颇有些名气，成了同学们心目中会"武功"的人。当时的学校没有专职的体育教师，体育、音乐、美术是校长兼任，上体育课时，他会把同学们带到校园旁边的打麦场，让我教从哥哥那里学来的所谓"功夫"。有一次，我在教同学们学习"扫堂腿"的时候，一个同学不小心把自己的胳膊给弄骨折了，从此，校长就再也不肯带我们出来在大"场面子"上体育课了，我也因此失去了这个临时"教头"的职位，此事后来被同学们传得沸沸扬扬、神乎其神：我成了用一个扫堂腿就能"扫断"同学胳膊的"高手"。哥哥也因此事狠狠地骂我一顿，责怪我不该向外"显摆"，更不该把好不容易只有保密才学到的三脚猫功夫"外传"。不管怎样，武术从此在我心里扎下了根，对武术的爱好与兴趣随着年龄的增长与日俱增。后来，我在读书学习的业余时间，又跟从卫戍部队退伍的哥哥练了军体拳，跟一些名不见经传的武师学了些八卦拳等民间拳种。父亲见我如此痴迷武术，喜欢运动，在考学的时候就毫不犹豫地让我选择师范体育专业，从此我走上了体育教育这条路。我当时所读的学校没有开设武术专业，24 式太极拳是武术课的必修课程，其慢悠悠的动作丝毫没有引起我对太极拳的关注与兴趣，对我来说，24 式太极拳的学习只是完成学业的一个硬性规定而已。

时光如梭，一晃许多年过去了，多年的"从难、从严、从实战出发，大强度训练"的"三重一大"的体育教育与运动训练专业的学习及具有一定对抗性的业余比赛，使我身体的部分关节、肌肉留下了不同程度的劳损。一个偶然的机会，武式太极拳第五代传人、李逊之先生的外孙、姚继祖先生的得意弟子杨书太师父习拳与推手的视频深深地吸引了我，在同事赵子平的引荐下，我有幸结识了杨书太先生，通过与之"摸手"，彻底颠覆了我原来对太极拳的认知，我第一次见证了真正太极拳推手与技击劲法的神奇，唤醒了童年时期深埋在心底的习武之梦！从此，我树立了要学习研究太极拳的坚定信心！就如同一个站在岸边的人，看到下游的江河之水，可能是浑浊的、不清澈的，当你沿岸而上，寻到水的源头的时候，才有可能品味到最甘甜的清泉！

从此，我与武式太极拳有了不解之缘，在拥有比较扎实的竞技体育理论与身体素质的基础上，从实践到研究，我开始了向武式太极拳的学习与"转型"，脑海中太极拳的范畴内，不再只是河南陈家沟、河北杨露禅，对 24 式太极拳的一知半解，甚至是孤陋寡闻……继而，河北永年广府东街武禹襄，还有其传人李亦畬、李逊之、郝为真、孙禄堂等，时常在我脑海中浮现！展现在我面前的是一个博大的太极拳的世界，每日习练武式太极拳拳架套路等成为我日常生活中不可或缺的一部分，武式太极拳融入了我的生命！

从师多年的习练与研究，让我对太极拳有了比较系统的了解，太极拳是科学拳，其推手劲法发放符合力学原理特征，其呼吸方式遵循生命规律；太极拳是哲学拳，其行拳走架与技击招法内含易经、儒家、兵家、道家、中医等丰富的哲学思想及丰硕理论。可以这么说，如果现代体育项目的学习与锻炼，给我的身体带来的是结实与健壮的话，那么，武式太极拳的习练就是对我从事竞技体育落下的身体劳损的修复，是摆脱机体亚健康困扰的养生与保健！为此，出于对传统文化传承的高度的认同感、责任感、义务感，我把武式太极拳引进开设的体育课堂。有人说，这是民间的东西，不应该使其进入学校的课堂。试想，没有对传统武术的继承，怎么会有未来的创新与发展？

24 式太极拳的创编不就是来源于杨式太极拳吗？我与师父杨书太先生一起对武式太极拳的研究，获得了 2017 年国家体育总局科技服务全民健身的立项。2019 年，为了方便更多的青年学生对太极拳的传承与发展，特别是对武式太极拳的拳理、拳架套路等主要内容有一个全方位的了解与学习，我编著《武式太极拳概要》的申请得到了深圳大学教材出版资助立项，学校的信任让我诚惶诚恐，担心自己水平不高、才疏学浅，辜负了期望；同事及同门兄弟的鼓励与支持又让我信心与勇气倍增，感慨万千，诚心与初心只有一个目的：让更多的人从习练武式太极拳中受益，让更多的年轻人认识与学习先辈们通过千锤百炼的实践传承下来的优秀的宝贵遗产！尽管深知，太极拳内涵的博大精深与浩瀚无边，就是付诸一生也无法企及技艺的峰巅！但为了继承中华优秀传统文化遗产、为太极拳的传承与发展尽一份绵薄之力，每一个有缘太极拳的中华儿女不都应该去孜孜以求吗？被后人称为"五绝大师"的太极大师郑曼青先生曾经写过这样的诗句："无欲无为古圣贤，却从修己得知天。谁能具有千秋业，自信能传五百年？"武式太极拳第二代宗师李亦畬先生亦讲："时年二十余，始从母舅武禹襄学习此技……廿余年来，仅得皮毛。窃意其中更有精巧。"在真正热爱太极拳、习练太极拳、传承太极拳的人的眼里，还有什么能和太极拳自身存在的巨大生命魅力与其蕴舍的无限价值相媲美呢？

在此，我真诚地感谢李逊之先生的嫡孙、武式太极拳第五代传承人、河北永年武式太极拳研究会名誉会长李旭藩先生、秘书长李永章先生，感谢姚继祖先生的嫡孙、武式太极拳第五代传人姚志公先生及武式太极拳研究会会长姚志平先生，感谢魏佩林先生的儿子、武式太极拳第五代传人、河北邯郸市武式太极拳研究会顾问魏高志先生，还有武式太极拳同门翟世忠先生、钟永军先生。他们分别为本书的编著无私地提供了相关历史信息与资料。感谢同门书法家马善双、企业家曲磊、范桂军、李晓明等不辞辛劳地陪伴我实地考察访谈。真诚地感谢深圳大学的鼎力支持，感谢深圳大学教务部纪劲鸿老师，信息管理中心副主任、师弟秦斌教授，影视工作室的主任罗进喜，摄影师余祥云老师，传播学院副院长黄玉波教授，摄影工作室简刚辉老师，武式太极拳同门兄弟、博士生导师裴继红教授、肖海涛教授、张俊杰健将，同事张辉博士、陈家枫教练以及我的硕士研究生陈丽、黄红平、张慧同学，体育文化研究中心主任陈小蓉教授。没有你们的帮助与支持，在短期内我是无法完成这本书稿的编著任务的。

感谢师父、武式太极拳第五代传人杨书太先生多年来的言传身教，感谢我引用文献资料的众多学者与专家。感谢我的家人和默默支持我的人生挚友，身边温馨的关怀是我坚持研习太极拳无穷无尽的力量。正如英国著名戏剧家莎士比亚所说，"凡是过往，皆为序章"，凡是与你们在一起的过往，皆是我人生旅途上最华美的序章，我会继续努力去谱写未来的辉煌！

时间仓促，水平所限，书中不足之处在所难免，敬请专家读者批评指正！

张得保

2024 年 8 月

于深圳光明传麒山